明太祖朱元璋

〔日〕檀上宽◎著 连俊翔◎译

中国友谊出版公司

图书在版编目（CIP）数据

明太祖朱元璋/（日）檀上宽著；连俊翔译 . -- 北京：中国友谊出版公司，2022.8
ISBN 978-7-5057-5509-3

Ⅰ . ①明… Ⅱ . ①檀… ②连… Ⅲ . ①朱元璋（1328-1398）- 传记 Ⅳ . ① K827=48

中国版本图书馆 CIP 数据核字 (2022) 第 112587 号

著作权合同登记号　图字：01-2022-3172

书名	明太祖朱元璋
作者	[日]檀上宽
译者	连俊翔
出版	中国友谊出版公司
发行	中国友谊出版公司
经销	新华书店
印刷	天津画中画印刷有限公司
规格	880×1230 毫米　32 开
	8 印张　185 千字
版次	2022 年 8 月第 1 版
印次	2022 年 8 月第 1 次印刷
书号	ISBN 978-7-5057-5509-3
定价	59.00 元
地址	北京市朝阳区西坝河南里 17 号楼
邮编	100028
电话	(010) 64678009

序　章

以考据精赅著称的清代著名历史学家赵翼（1727—1814 年）在其所著《廿二史劄记》三十六卷的"明祖以不嗜杀得天下"一节中，如是评价明太祖朱元璋。

盖明祖一人，圣贤、豪杰、盗贼之性，实兼而有之者也。

这句评述乍一看令人云里雾里不得其解，实际上却将朱元璋的人格诠释得淋漓尽致。

细数历代帝王，朱元璋（1328—1398 年）堪称一代人杰。与汉高祖刘邦的经历极为相似，朱元璋同样出自微寒，后投身于元末的起义军并成功崭露头角，最终成就帝业。起初，他虽落草行盗贼之事，可不久便建立地方政权成为雄踞一方之豪杰。最后，皇位上的他如明君贤主一般制定了诸多政策。纵观其七十一年的人生，不得不说赵翼的评价确实恰如其分。

但是，赵翼所言的三种性格却绝非随着时间推移而依次出现的。譬如，即便朱元璋黄袍加身之后，盗贼的性格也依旧频繁登场，而在他落草为寇之时，其圣贤之潜质便已展露无遗。一言以蔽之，这三种性格同时出现在朱元璋的身上，这也是其复杂之性格的由来。而进一步剖析可以发现，也正是这种复杂怪诞的性格才能令他在群雄争霸的元末乱世中拔得头筹，从而成功建立起强大的专制国家。

一般认为，中国历史上的皇帝独裁体制成立于宋朝，并经朱元璋之手最终于明初得到确立。然而，为了实现这一目标，必须将十万余人的官僚和地主全部肃清，同时通过大规模的机构改革从而将权力集于皇帝一人。显而易见，在此过程中他充分地展现出其盗贼之性格。

为了奠定大明王朝的基石，终其一生他都在全力以赴。他所制定的诸般制度终明一朝均鲜有更改。不仅如此，所谓清承明制，取明而代之的大清帝国几乎完整地沿袭了明朝旧制。因此，从某种意义上来说，将朱元璋视作明清两代的缔造者也不为过。

清朝第三代皇帝清世祖顺治帝（在位 1643—1661 年）曾经向一众近臣询问："自汉高以下，明代以前，何帝为优？"

众臣答曰："汉高、文帝、光武、唐太宗、宋太祖、明洪武（朱元璋）俱属贤君。"

顺治帝继续追问："此数君者，又孰优？"

此时，大学士陈夏名答曰："唐太宗似过之。"

唐太宗开创"贞观之治"而被后世盛赞为历朝历代首屈一指的明君，因此陈夏名的回答可说是既符合历史常识又无可非议的标准答案。

不过顺治帝却不这么认为："岂独唐太宗。朕以为历代贤君，莫如洪武。何也，数君德政，有善者，有未尽善者。至洪武所定条例章程，规划周详。朕所以谓历代之君，不及洪武也！"[1]

顺治帝之后，著名的康熙帝（在位 1661—1722 年）与其父的态度不谋而合。他于南巡之际，多次祭拜了位于南京的朱元璋陵寝明

---

[1]《清世祖实录》卷七十一。

II

孝陵。遥想当年，太祖披坚执锐开疆拓土，治下大明帝国远迈汉唐，为此康熙特意令人立碑，并题书"治隆唐宋"，意为朱元璋一手缔造的大明帝国，其盛世犹在唐宋之上。时至今日，这块刻有康熙御笔的石碑仍矗立于明孝陵享殿的前门处。究其缘由，对康熙帝而言，朱元璋也是一位可以让他引为榜样的明君吧。

那么，朱元璋缘何受到清朝多位帝王的一致盛赞？从顺治帝的一席话中我们可以找到部分答案——朱元璋呕心沥血缔造起坚固无比的独裁体制并将其留与子孙后代。诚然，他之所以不惜全力争天抗俗或许只是为了能让朱家的江山永续千秋万代。可他的动机当真仅此而已吗？若是如此，恐怕清朝帝王们的评价应该是另一番模样才对。那么，朱元璋的一生所求为何？而他的人生旅途中这三种性格又扮演了什么样的角色？笔者将结合十四世纪中国社会的大背景来探讨朱元璋其人其事，这也是本书的重要论题之一。

中国学术界对于朱元璋的评价随着时代的推移不断改变。中华人民共和国诞生伊始，凭借驱除胡虏恢复中华的功绩，朱元璋被当时的学术界认定为民族英雄。而六十年代，阶级史观在中国大行其道，而他身为农民起义的领袖却最终倒向地主阶级，因此又被打上"背叛者"的烙印。八十年代后，中国在近代化之路上高歌猛进，学者们又倾向于从朱元璋之于中国现代化进程的功过二元论来评价他的政绩。所以即便想用三言两语为其定个功过是非，但如此复杂多变的因素实在令人词穷。由此可见，身为帝王的朱元璋其人性复杂多变，不能以寻常之法度之。

因此本书刻意避免为其盖棺论定，尽可能地客观叙事。此外，书中所评均基于后世的价值观，因为我个人对此也着实苦恼，不知从何下笔。他的所见所闻所思所想，他的一言一行一举一动，本书将结合当时的社会背景，为读者们一一再现。由此，我们或能望见朱元璋心中之愿景。而在他的愿景之上，或许充斥着诸般极不合理的惨无人道之事，然而换个角度看或许又是合乎常理之事也未可知。评价其功过是非绝不是易事，解答就留待读者们通读本书后自行判断。

目 录

一

顺帝与元末

天历之变

致和元年（1328 年）七月（本书日月均指农历，下同），元朝第六代皇帝泰定帝[1]（在位 1323—1328 年）病殁于元朝上都[2]（又称夏都，今内蒙古自治区多伦县附近）。彼时，朝堂之上宰相倒剌沙实权在握。趁皇位空悬之机他于上都专权自用，逾月未立新君。同年八月，奉命留守大都的佥枢密院事燕铁木儿，见有隙可乘遂先发制人。曾是武宗旧臣的燕铁木儿本就对泰定帝即位一事颇有微词，他当机立断决定拥立第三代[3]皇帝武宗海山（在位 1307—1311 年）的遗孤为帝。

八月四日早朝之时，以商议国事为名，大都的官员们被传召至兴圣宫。却未曾想到，等待他们的是燕铁木儿及其所率的一众披坚执锐的近卫甲士。他向众人宣布："祖宗正统属在武皇帝之子，敢有不顺者斩。"[4]

---

[1] 译者注：泰定帝与其子天顺帝死后均未得汉文庙号，故以其在位期间第一个年号来通称。

[2] 译者注：元朝实行两都制，以大都（今北京）为首都，以上都为夏都。每年四月，元朝皇帝便会前往上都避暑。

[3] 日本人研究和写作的中国历史与我们官方的断代方式不同，比如元和清，日本都是以定国号作为朝代更迭的标志，元中国的元年是成吉思汗的 1206 年，日本的元年是忽必烈的 1271 年。为不影响阅读，在此做一说明——编者注。

[4]《元史·燕铁木儿传》。

话音方落，兵皆露刃将数名与倒刺沙沆瀣一气的官员缚于殿上，并对其余诸人施以恫吓。这场政变以迅雷不及掩耳之势落下帷幕，当官员们意识到事态之严峻时，大都已尽为燕铁木儿所掌握。万事俱备唯欠东风，余下只需迎回武宗遗孤便可名正言顺。

然而，此时武宗长子和世㻋正流亡于遥远的中亚之地，故难以短时间内返回大都。燕铁木儿得知此事后转而迎立位于建康（今南京）的和世㻋之弟图帖睦尔。图帖睦尔提出待兄长和世㻋归来之后便让位于对方，以此为条件接受了燕铁木儿的请求于大都即位，改元天历，是为元朝第七代皇帝文宗（在位1328—1329年、1329—1332年）。

大都政变之事传到上都，为与其对抗，宰相倒刺沙遂拥立泰定帝之子阿速吉八为帝（天顺帝）。那时的阿速吉八年仅九岁，而另一方的图帖睦尔已经二十五岁。话虽如此，两者的对立实质却是倒刺沙与燕铁木儿之间的权力斗争，他们隐于幕后成为两都之争的操纵者。再者，两人也一致认为，能为两都之争画上句号的除武力之外再无他法。而为这场争端揭开序幕的事件正是广为后世所知的"天历之变"。

元朝从未确立过皇位继承制度，每逢帝位更迭总是兄弟阋墙同室操戈，在此期间，行政会陷入瘫痪进而导致政局进入大动乱时期，这对元朝来说并非什么稀奇之事。曾经"忽里勒台[1]"这一大型会议制度，一度成为选拔下任皇帝的前置程序。但是大会本身受到实权派的摆布，因此到头来话语权依然属于武力强大的一方。元朝的

---

[1] 译者注："忽里勒"有"聚集"之意，忽里勒台大会是指古代蒙古及突厥民族的一种军政议会，负责推举可汗及其他长官。早年，包括成吉思汗及窝阔台汗在内的蒙古大汗均是在忽里勒台大会上推选出来的。而忽必烈继位之后，忽里勒台大会也开始不复当年的权威性。

开创者世祖忽必烈同样无法免俗，他在与其弟阿里不哥的兄弟之争中胜出从而登上大位。即使在灭亡南宋并支配中国全境之后，元朝同室操戈的传统依旧根深蒂固难以改变。就近来说，第六代皇帝泰定帝，抑或第三代皇帝武宗，他们即位之时都曾上演了血雨腥风的夺位惨事。

不过，天历之变的规模之大，与上述提及之内乱不可同日而语。分裂为上都派和大都派的蒙古军团，将天下一分为二，反复上演着肝髓流野的殊死之战。铁蹄踏过华北平原，所到之处赤地千里。

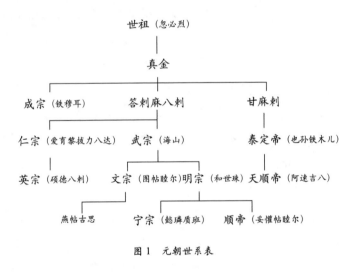

图 1 元朝世系表

起初，上都一方锐不可当形势占优，但在倒剌沙集结兵力挥师南进意图一举攻下大都之际，燕铁木儿之叔不花帖木儿率军直扑兵力空虚的上都，以此为契机，双方形势瞬间逆转。兵败之后，天顺帝下落不明，倒剌沙见大势已去遂携玉玺投降。至此，上都派各军势终于分崩离析，倒剌沙也被送往大都处刑，一代权相的黯然离场标志着这场长达月余的战乱落下帷幕。

内乱以大都派的获胜告终，作为代表人物的燕铁木儿，他的获益无疑是巨大的，战后他的势力得到了空前的扩张。内乱后，文宗按照约定让位于其兄，和世㻋遂于次年，即天历二年（1329年）在漠北之地的哈拉和林[1]登上皇位，是为元朝第八代皇帝明宗（在位1329年）。然而，明宗的时代并未持续多久。让位后的文宗虽被册封为皇太子，但他对皇位仍念念不忘。与此同时，柄权数年的燕铁木儿也唯恐权力为明宗近臣所夺。于是二人一拍即合制定了谋害明宗的计划。

时为天历二年五月，文宗从大都出发前去迎回自哈拉和林归来的明宗。兄弟二人于上都郊外汇合，为了庆祝久别重逢，文宗为明宗设宴，宴会持续了多日。据说，那时的明宗异常兴奋，并多次向文宗诉说了自己的感激之情。可令人猝不及防的是，数日之后的某一天官方突然宣布了明宗暴毙的消息，且病因不明。混乱之际，燕铁木儿从明宗皇后处接过玉玺，二人随即率众返回大都。一场骚乱便这样落下帷幕，而距离大都一步之遥的明宗却被二人合谋毒杀。

于是乎，皇位重归文宗。在一众元朝帝王中，文宗是少有的不仅精通汉语亦能作汉诗的皇帝。在位期间，他设立奎章阁以主持各类文化活动，并负责将汉人典籍译成蒙古语。此外，《经世大典》的编纂工作也在这里进行，该书收录了所有元朝典故和制度。得益于文宗对汉文化的深刻理解，历数元朝五世十一帝，在他的治下，元朝的汉化程度倍道而进，他的庙号"文宗"便是得名于此。然而如此崇尚文治的文宗皇帝却也背负着不为人知的黑暗过往。

---

[1] 译者注："丙戌，帝即位于和宁之北，扈行诸王、大臣咸入贺，乃命撒迪遣人还报京师。"（《元史·明宗本纪》）和林即哈拉和林，元朝岭北省首府。

顺帝妥懽帖睦尔即位

距离天历之变已过五年，至顺四年（1333年）六月，元朝末代皇帝顺帝登临帝位。身为明宗长子的他受到政治斗争波及一直辗转于高丽、广西等地。至顺三年末，谋害了明宗的文宗皇帝在悔恨中死去，根据他留下的遗诏，同年年末，仅十四岁的妥懽帖睦尔回到帝国的权力中心。幼小的少年在初次面对燕铁木儿时，因为恐惧而噤若寒蝉。

殊不知，燕铁木儿对少年同样怀有深深的恐惧。唯恐因谋害明宗之事遭其猜忌，故燕铁木儿此前曾立妥懽帖睦尔之幼弟懿璘质班为帝（第十代皇帝宁宗）。然而，懿璘质班在位仅四十三日便死去。无计可施之下，燕铁木儿唯有将妥懽帖睦尔从桂林（今广西壮族自治区境内）迎回，但即位之事却并未得到支持而被一拖再拖。帝位空悬半年之久，直至六个月后燕铁木儿故去，妥懽帖睦尔方才正式成为元朝皇帝。至正二十八年（1368年），明朝大军挥师北伐兵临大都城下，其间35年，顺帝妥懽帖睦尔主宰元帝国，最后辗转流亡于漠北之地，在收复故土的幻想中含恨而亡。

顺帝在位三十五年（算上出逃蒙古时期一共为三十八年），是所有元朝皇帝中在位时间最长的，比在位三十四年的元世祖忽必烈还要长上一年。然而，在位之长却并不代表他的统治一帆风顺、国境之内四海升平，事实上恰恰相反。诚然，在位期间他并非庸庸碌碌无所作为，而是锐意图治实施了一系列的复兴之策以图挽救摇摇欲坠的元帝国。然而，三十五年着实太长，他在治国理政上的心理状态也几经变迁。明初学者权衡所编纂的《庚申外史》一书记载了元顺帝妥懽帖睦尔时期的一些史事。书中以"恐惧之心""宽平之心""骄惰之心"来形容妥懽帖睦尔随时间推移而渐渐转变的心路历程，他的评价可谓一针见血。

顺帝即位之初的数年，也是权臣伯颜大权独揽的时代。在拥立文宗一事中，位列中书右丞相（宰相）的伯颜与燕铁木儿一同立下了汗马功劳。燕铁木儿死后，伯颜诛杀其子唐其势，铲除宿敌后，他在元廷内权倾朝野一时无可撼动。而他的施政方针一言以蔽之，即重建蒙古第一主义，对汉族实施彻底的打压政策。

作为征服王朝，元朝也不例外，他们奉行本民族第一主义，在统治中国时，对汉族及汉文化冷眼相待。在色目人[1]（西域诸国居民）的帮助下，作为支配者的蒙古人成功统治了汉人（原金朝治下的华北居民）和南人（原南宋治下的江南居民）。南宋治下的南人奋起反抗直至粮尽援绝，因此在元廷他们备受冷遇，元朝初年时南人基本与政治无缘被排除在朝堂之外。但是，随着统治中国日久，元朝汉化的步伐也渐渐加快，自然而然，他们与传统意义上的中国王朝也越发相像。元朝政府开始重用儒者并重新开科取士，越来越多的汉人与南人也得以重返庙堂。

然而元朝的汉化进程却断送于伯颜之手。他对于汉人的厌恶非比寻常，甚至于曾向顺帝进言提议要屠尽张、王、刘、赵、李汉族

---

[1] 译者注：元代时对来自中亚、西亚和欧洲的各民族的统称。

五大姓。若该提议成为现实，那汉族的幸存者尚余几何？如此疯狂的建议自然被顺帝驳回，但是通过他的言论，我们仿佛能清晰地看到他在朝堂之上的擅权之姿及汉族民众的境遇。伯颜当权的时代，科举被废，汉人南人被赶出政府要职。那个时代对于汉族来说无疑是一种倒退，他们仿佛重新回到了暗无天日饱受压迫的元朝初年。

此后，伯颜开始目无皇权、独秉国钧，比如在没有诏令的情况下，他就私自将皇族处刑，可见其跋扈嚣张已令人难以容忍。据传，伯颜先祖本是元宪宗孛儿只斤·蒙哥的家奴，元朝时家奴称其主为使长，主仆关系永世不变。某日，宪宗子孙郯王将其祖上的家奴往事宣之于口，伯颜闻之大怒，厉声斥曰："我为太师，位极人臣，岂容犹有使长耶。"[1]

未几，伯颜便诬告郯王图谋不轨，以此为由将其与子孙数人矫诏杀害。不宁唯是，最后他甚至意图废顺帝而转立已故文宗之子燕帖古思。对此，顺帝虽坐拥皇位却也束手无策。

可是即便权势滔天，伯颜也做不到算无遗策，他最大的失策便是为了监视顺帝的起居将视为亲信的侄儿脱脱送入宿卫任职。对于伯颜的专权，脱脱早已心怀不满，他虽为伯颜亲弟马札儿台之长子，却一向不赞成伯颜的胡作非为。然而，他深知自己身为伯颜亲族因而难以得到顺帝信任。为了消除疑虑，脱脱向顺帝直陈胸臆，恳切地表示自己绝无二心唯望报国。最终他成功取信于顺帝，于是乎，外放伯颜的计划诞生了。

至元六年（1340 年）二月，伯颜相邀文宗之子燕帖古思狩猎，

---

[1] 权衡《庚申外史》。

因而离开了大都，值此千载难逢之际，脱脱决定一鼓作气将计划付诸行动。迫于他的再三请求，顺帝终于下定决心，颁下密旨，随后脱脱携密旨将大都城门封锁，并换上心腹军队严加守备。是夜，宫中有诏令发出，贬伯颜为河南行省左丞相，接到圣旨伯颜惊愕莫名，遂于次日一早遣使请求谒见顺帝，但使者为城门所阻。脱脱大马金刀立城上高声宣读顺帝诏令：

　　　　有旨，逐丞相一人，余无所问。诸从官可各还本卫。

　　对此，有部下提议拥兵入宫为时未晚，但伯颜以"帝岂有杀我之意，皆脱脱贼子所为耳！"为由就此放跑了亡羊补牢的机会[1]。

　　就这样，一度权势熏天的伯颜也虎落平阳。前往河南的途中，路过真定（今河北省境内），有一老翁携酒来迎，伯颜问曰："尔曾见子杀父事耶？"老翁答道："不曾见子杀父，惟见臣杀君。"[2]伯颜面露惭色无言以对。同年三月，他奉诏前往南恩州阳春县时，病死于途中，这也标志着，权衡所言"恐怖之心"的时代迎来终结。

---

[1] 《新元史·脱脱传》。

[2] 《元史·伯颜传》。

至正新政

伯颜失势后，脱脱之父马札儿台就任中书右丞相，但实际上，朝政大权掌握在其子脱脱手中。同年十月马札儿台请辞，脱脱成为元帝国名副其实的第一实权人物。次年改元"至正"，从中亦可以看出顺帝与脱脱二人对于新时代寄予厚望，所谓"至正"者，扫除乱象、迎来新生之意。彼时的顺帝仅二十三岁，脱脱也不过二十七岁，年轻的帝王与宰相眼中，仿佛倒映着光辉无限的未来。

新时代下，他们首先着手废除了伯颜的"旧政"。至元六年（1340年）十二月，随着被废除的科举制度重回历史舞台，汉人的入仕之路再度被打通。这些举措的效果立竿见影，改元至正后，重开经筵（于帝王面前讲经论史的仪式）、重用儒者等一系列政策一一落地，不久元朝也像传统意义上的中国王朝一样开始编撰前朝正史。至正三年（1343年），在脱脱的主持下，《宋史》《辽史》《金史》的编纂工作正式拉开帷幕。由此可见，元朝正试图接纳汉族并向传统王朝转变。

实际上，一系列新政的背后，脱脱的幕僚集贤大学士吴直方功不可没。吴直方是出生于江南金华（今浙江省境内）的儒学家，曾负责教导过年幼的脱脱，对于汉文化具有很深的造诣。脱脱在计划放逐伯颜时就曾秘密求教于吴直方，特别是改元至正后，但凡朝中有重大国事，顺帝和脱脱均会询问吴直方的意见。换言之，在顺帝和脱脱的政治联盟中，吴直方便是那个隐于幕后的幕僚顾问。

顺便一提，吴直方的故乡在浙江金华。由于这里的景致像极了曾经的都城开封（今河南省境内），自宋朝南渡以来，众多知识分子移居此地。因此，即便在保留了优秀义化的江南地区中，金华也形成了其独树一帜的传统。继承了正统朱子学的"金华学派"便是在此地孕育。该学派主张"经世济民"，由此也可以窥知吴直方其人的所思所想。

曾经有友人规劝吴直方，在大都怀才不遇不如归去故里，考虑到彼时的形势，一介南人想要在大都谋个一官半职可谓难如登天，友人之言理所当然。不过吴直方却认为"何分冀北与江南乎"[1]，随后婉拒了友人的提议。后来他得到了脱脱之父马札儿台的赏识，大概是因为集江南士大夫之气节和经世济民之理想于一身的吴直方令其折服不已吧。

或许是至正新政所带来的变化，这个时代入朝为官的著名南人不在少数。诸如黄溍、柳贯、揭傒斯、欧阳玄等南人纷纷重回庙堂，这样的例子不胜枚举。虽然他们主要任职于翰林院（国立学术机构）、国子学（首都的国立大学）、宣文阁（国立收藏馆）等文教机构，但是在脱脱一手主导的汉化政策中他们出力良多。恰恰是得益于他们的多方协助，脱脱才能够彻底地推行汉化，这样看来，新政之下的元朝似乎正渐渐向传统的中华王朝靠拢。这也是权衡将这个时代下顺帝的内心，称为"宽平之心"的缘由。

然而好景不长，至正四年（1344年）五月，脱脱突然向顺帝

---

[1] 宋濂《宋文宪公全集·故集贤大学士吴直方行状》。

请辞，据说是因为疾病，但具体原因语焉不详。至正七年三月，由于御史的弹劾，吴直方被罢免。由此看来，脱脱之所以请辞恐怕是畏于谗言。无论如何，正渐渐步入正轨的至正新政因为两位重要人物的缺席就此停滞不前再也不曾回到过原来的轨道上。

虽然此后脱脱重掌相印，但昔日的面容却一去不复返。更重要的是，顺帝本人已然失去了治国理政的兴趣，自从脱脱摘下相印走出朝堂的那天起，他便开始沉迷于享乐。"骄惰之心"的时代拉开序幕，由这对君臣所开创至正新政短短四年便宣告终结。

民众的悲惨生活

那么，朝堂之上你死我活的权力斗争轮番上演之时，普通民众的生活又是何种景况呢？一窥《元史》的本纪篇（帝王列传），便不难理解他们的境遇。比如天历元年（1328年），即天历之变爆发那年，元朝遭遇了全国性的大饥荒。而那些终日热衷于权力斗争的当权者却无动于衷。全国各地，饥民与流民成群结队，他们为了乞食抛家舍业开始大规模地移动。于是乎，天历二年（1329年），这样的报告出现在帝国的行政中枢。

最初的报告是在四月，陕西省一带发现饥民一百二十三万四千人，流民数十万人之众；安徽省与江苏省的接邻之地发现饥民六十余万户；从大都至河南省一带发现饥民六十七万六千余户。

五月，陕西省凤翔府发现饥民十九万七千九百人，同省丰乐有六百五十名士兵死于饥馑，而在万户府这个数字更是高达一千三百人。

六月，浙江省东部出现饥民十一万八千零九十户。陕西、河北、河南一带发现流民十余万人。

七月，真定、河间、永平三地（今河北省境内）、大宁（今内蒙古自治区境内）、开封（今河南省境内）、淮安和泸州一带（今安徽省境内）、辽阳（今辽宁省境内）等多地发生蝗灾。

天灾如燎原之火在中华大地迅速蔓延，各地的灾情不仅没有好转反而愈演愈烈。顺帝即位的至顺四年（1333年）六月，天降暴雨，天子脚下京畿之地遭遇洪灾，四十万人食不果腹沦为饥民。同月，由于降雨骤增导致河川泛滥，陕西、甘肃、河北、河南等省水患成灾。江浙两省反而滴水未降，结果旱魃为灾，饥民遍野饿殍满道的惨象屡见不鲜。无休无止的水旱饥荒因为元朝政府的不作为而持续扩大，久而久之甚至出现了人吃人的惨象，史书中也留下了数则这样令人不寒而栗的记载。

天灾频现，民众的生活已然朝不保夕，而破绽百出的元朝经济政策更是令他们雪上加霜。元朝的货币政策相当有名，因为它是历朝历代中唯一只使用纸币的朝代。当时的纸币称为交钞，元世祖忽必烈即位的中统元年（1260 年）元朝政府发行了通行交钞和中统元宝交钞。元朝时，政府准备了充足的布匹和白银充当钞本（兑换准备金），并且为使纸币顺利流通，政府会持续回收流通于民间的交钞。

在元朝税收中占据较大比重的商税、盐税、茶税等赋税均可用交钞缴纳，政府通过这种方式回收交钞以调节它在民间的流通量。忽必烈时代，元朝会准备与发行量相当价值的白银，再加上发行额受到一定限制，官府又以征税来调控流通量，因此那时的货币经济似乎相当健全。

然而，奉行蒙古第一主义，一直维持着本民族传统和习惯的元朝，对遗留在蒙古旧领的北方诸王赐下数额巨大的金银财物。此外，对于蒙古人所信奉的藏传佛教，元朝也不吝惜钱财，为其出资兴建寺院，举办佛事。元朝政府的挥霍无度终于使自己陷入了进退两难的境地。值得一提的是，转型为中国王朝的元朝意图减少北方诸王的抵触情绪，因此对他们的赏赐也是其怀柔政策中必不可少的一环。单就白银而论，除各种惯例的赏赐之外，以其他名目临时给予的赏赐也为数不少，其数额甚至超过了元朝白银的年收入，且这种情况并不少见。

再说藏传佛教，他们凭借华美的仪式与神秘的教义令皇帝及诸多王宫贵族深陷其中。教内的帝师获得了仅次于元朝皇帝的地位，在宫廷之内予取予求。他们以受戒为名将王公贵族的妻妾们囚于一室恣肆淫戏，凭借自身地位行非法之事横征暴敛。但是，盲信藏传佛教的皇帝和王宫贵族们非但不加以限制，反而挥金如土，无休无止地兴建寺庙佛塔举办法事。这些支出更是一年甚于一年，为国家财政带去了莫大的负担。

为了减轻国家财政负担，政府提高税率并增设新的税种，但臃肿不堪的国家财政却积重难返。虽然政府大量发行纸币总算是渡过一时之危局，可这也造成了货币的贬值，用现在的话来说就是通货膨胀。早在至元二十四年（1278 年），元世祖就首次采取通货紧缩政策[1] 来缓解货币贬值问题。此后数次，元朝政府仍然故技重施，虽然能令经济一时好转，但终究无法长久。

交钞是一种不兑换纸币，但是因为连年不断的战乱与饥荒令其支出量大增，加之官吏的非法敛财导致国库收入锐减，结果每年发行额不断攀升。顺帝在位时，交钞的价值已然贬无可贬。开国之初六七百文就可买到一石米，此时仅仅一斗米就需要五百贯（一贯等于一千文）。人们将交钞视为废纸，以物易物的交易方式逐渐在民

---

[1] 译者注：第一次货币贬值发生以来，为了稳定物价，元廷于 1278 年进行了第一次货币改革，在中统钞之外，发布"至元宝钞"，两者共同流通，史称"变钞"，此后每逢货币贬值，元朝便故技重施，九十七年共发行了中统钞、至元钞、至大钞、至正钞四种货币。

间流行起来。至此，元朝的货币经济土崩瓦解，社会再度回归到自然经济的状态。

连年的天灾、无动于衷的执政者、土崩瓦解的货币经济……他们的苦难还远远没有结束，更大的不幸来自官吏和地主残酷的剥削。污吏们横征暴敛、地主们勾结贪官鱼肉百姓，终元一朝此种情况之多，远超其他朝代。概因大部分元朝的执政者从未将中国的民众视为子民，而是可以任意榨取的对象。元末明初的叶子奇在其所著《草木子·杂俎篇》中如此来形容元朝官僚的做派：

比如，蒙古人或者色目人作为地方官走马上任时，会巧立各种名目以索要贿赂。他辖下的官吏们在初次拜见时会被收取"拜见钱"，之后还需缴纳莫名其妙的"撒花钱"。此外，逢年过节曰"逢节钱"，生辰之日曰"生日钱"，管事而索曰"常例钱"，迎来送往曰"人情钱"，拘捕查究曰"赍发钱"，诉讼申辩曰"公事钱"。

再者，贪官污吏们将贪得钱财多谓之"得手"，收入丰厚之地谓之"好地分"，江南之浙西（江苏省南部和浙江省北部的三角洲地带）和江西均属此列。若新任地方官在这两地上任时，必须上交的"拜见钱"高达一千锭（一锭等于交钞五十贯），更有甚者会索要三千锭之多。此外，需要孝敬的还不止地方官，地方官以下各级官员的金额均按照级别明码标价。

身为统治阶级的蒙古人和色目人尚且如此，可想而知其辖下的汉族官吏是如何的变本加厉。他们大部分都不是正式的官员（正官），而是负责总务工作的下级官吏，通称为首领官。汉族官员想要出人头地必须依靠特殊的人脉关系，这反而令他们萌发出追求功利的念头。但是晋升无望时，他们也唯有专注于非法敛财。

元末，不仅官吏们热衷于敛财，地主这类混迹民间的群体也同样如此。他们与官吏们私相授受，篡改租税账簿，伪造户籍以逃避税务。在经济较为发达的江南地区，这种现象尤为严重。当地的富商地主与官吏的勾结早已根深蒂固，收受贿赂的行为更是司空见惯。那么，种种恶果最后由谁来承担呢？自然是底层的普通民众，其中绝大部分的农民受到官吏和地主们的双重压榨，说是水深火热也毫不夸张。

如上所述，连年天灾与统治阶级所带来的人为祸害令元末的民众苦不堪言，他们唯有在日复一日的困境中艰难求生。然而，这种忍耐总会超过限度，当忍无可忍之时，摆在他们面前的是两条布满荆棘的道路：要么接受自己的宿命，面对残酷的现实，继续忍泪含悲默默入睡；抑或，拂去降临己身的灾厄苦难，为了建立新秩序挺身而出。对于民众来说，这是一个左右两难的选择，但是必须做出决断的时刻已经来临。

二

元末起义与红巾军

白莲教的动向

距离顺帝即位又过去了数年，时间来到至元三年（1337年）的正月。广东省增城县的农民朱光卿揭竿而起，同伙石昆山、钟大明等人率众来归。转眼之间起义军便逾千人，他们建立大金国，建元赤符，并确立了抗元的行动方针。惠州归善县农民聂秀卿、谭景山等人亦遥相呼应，他们率众拥立"定光佛"举兵造反。

同年二月，棒胡于河南汝宁烧香聚众掀起反旗，棒胡本名胡闰儿，因其擅长棍棒故得名棒胡。决定起事之际，他准备绣有弥勒佛的小旗、昭示皇权的宣敕[1]与金印，借此纠结了大量信众，此后一年，他率领起义军在河南一带接连克破数城。同年四月，四川合州农民韩法师自称"南朝赵王"举兵起义。次年六月，江西袁州僧侣彭莹玉率弟子周旺起义反元。

从韩法师以南朝赵王自居便不难看出，上述起义的特征在于他们均是由汉族发起的针对蒙古统治者的反抗。换言之，这些起义均带有浓厚的民族抵抗色彩，南朝赵王的"赵"正是指曾经被元帝国所灭的南宋皇族赵氏。韩法师想要借此唤起汉族人民的同仇敌忾之心，从而令那些对元朝抱有不满的民众聚集到他的义旗之下。

面对如火如荼的起义军，元朝的统治者自然不会坐以待毙。他

---

[1] 译者注：起兵的命令书，诏令。

们即刻调遣了大军，起义军没能坚持太久便被镇压。连最令元朝头疼的棒胡也在一年后被捕并于大都枭首示众。但是，元朝却仍旧不能高枕无忧。越是遭受压迫，民众的反抗便越是汹涌。全国各地充斥着压抑与不安，愤怒与不满正逐渐发酵。

至元三年（1337 年）四月，元朝颁下禁令，收缴汉人和南人手中的武器。此举也从反面印证了当时藏有武器的民众之多，各地局势之动荡已然一触即发。并且，该法令的收缴对象并不仅限于武器还包括了能用作武器之物，这也进一步反映出元朝统治者的焦虑与苦恼。据说，因为害怕汉族人民反抗，元廷甚至连耕作用的马匹都要求上缴。上文提及的伯颜请求诛杀汉族五大姓，也正是发生在这一时期。

虽说大部分参加叛乱的民众都是身不由己，但因为抗元而聚拢的他们也并非都是些有勇无谋之辈组成的乌合之众。起事前他们经过了相当周密的准备，集团内部也形成了一定的组织架构，乃至于制定国号、年号，这些手段都有助于他们提高团队凝聚力，鲜明地突出自身立场。借此，起义军们更为清晰地认识到元朝统治之下的他们已然破釜沉舟唯有背水一战。

再者，他们的行动源于对宗教的虔诚所产生的冲动。上文提到的聂秀卿等人便是拥立"定光佛"举兵反叛，而棒胡则以烧香宣扬弥勒佛为名聚众起义。由此可见，起义军经常带有一些宗教主义的色彩，其领袖被奉为教主，他们为教众描绘出一幅太平盛世的图景，并以此为目标率众奋起反抗。这个时候，名为白莲教的民间宗教横空出世，大家很快便团结于其教义之下，并将该教作为精神纽带，得益于此，白莲教的势力迅速扩张。

白莲教脱胎于南宋僧人茅子元所创立的白莲宗，是以不杀生、不偷盗、不邪淫、不妄语、不饮酒为五戒，以期往生西方净土的佛教宗派之一。因为不杀生之戒，该教提倡完全素食主义。加之为了避人耳目教众经常夜聚晓散，而僧职人员亦可娶妻生子，基于上述种种教条教规，白莲教逐渐沦为旁门左道。

元朝至大元年（1308年），政府下令禁止白莲宗的传教活动，众多寺庙遭到破坏，为逃避官府的耳目教派组织化身为秘密结社，信徒们也渐渐将宗教活动转入地下。因此，男女齐聚一堂焚香诵经念佛之景常见于白莲宗聚会之所，而在那个注重"男女有别"的年代，如此行径更是令"邪教"的标签根深蒂固。

一般认为元末的白莲教是白莲宗与当时在民间流传的摩尼教和弥勒教等教派杂糅而成的产物。而摩尼教是由三世纪的波斯人摩尼所创立的宗教，唐代时传入中土后又被称为明教。它是以同样起源于波斯的琐罗亚斯德教 [1] 为基础，并融合了基督教和佛教的一些要素进而发展起来的"大杂烩"教派。其主要教义为"二宗三际"论。二宗是指世界的明暗二元论，其中光明意为精神与正善，黑暗意为物质与过恶。此外，三际则是指世界发展的三个阶段，即初际（过去）、中际（现在）和后际（将来）。

根据这一理论，在初际（过去）世界被明暗分为截然不同的上下两界，光明居上黑暗在下；在中际（现在），黑暗一界的力量膨胀，明暗的均衡被打破，善恶开始相互争斗；在后际（将来），明界之王招来光明使驱散入侵的黑暗势力，上下两界再次分离，世界重新归于理想的社会。摩尼教宣扬的便是一种末世论，他们祈求后际（将

---

[1] 译者注：琐罗亚斯德教为古代波斯帝国的国教，在中国称为"祆教"。

来）时代的来临。因此，传入中国之后由于其反体制的教义[1]而屡遭官府打压，后来在与其他民间宗教求同存异的过程中渐渐偃旗息鼓、销声匿迹。

另一方面，弥勒教与白莲教虽然同为起源于佛教的民间宗教，但是前者的特征在于他们信仰弥勒下生[2]之说，而弥勒下生又隐含拨乱反正终结乱世的思想。据说在释迦牟尼灭度之后，天下大乱、人心不古、烽烟四起。为了平定乱世，弥勒佛从兜率天降生人间，普度众生重建清明的理想世界。早在北魏时期，弥勒下生的信仰便已在民间流传开来，历朝历代由弥勒教徒所领导的起义更是屡禁不止。尤其是华北地区的弥勒教徒活跃于宋元两代，当地几乎成为弥勒教传播的温床。

摩尼教和弥勒教的共通之处在于，两者都宣扬未来必有神佛现世救苦救难，因此极具否定现状的色彩。基于上述原因，在白莲宗的基础上融合上述两教之教义的白莲教，既被人视为异端又兼具了反体制的根骨，因此他们屡屡遭到政府的弹压也不无道理。但是，于那些对现实心灰意冷的民众来说，白莲教的魅力却难以估量。因此，他们走投无路之下唯有将仅存的一缕希望寄予白莲教所宣扬的"明王出世""弥勒下生"，渴望以此摆脱现世的烦恼重获新生。

元末的白莲教大体可分为南北两个派系，其中之一为以河北栾城县为根据地活动的韩氏一派。十四世纪初，因为其焚香惑众，韩

---

[1] 译者注：反对当朝统治者，渴望改朝换代。
[2] 译者注：认为弥勒终会降临人间拨乱反正普度信众。

氏韩学究[1] 获罪于元廷而被谪徙广平永年县。此后，在其孙韩山童的努力下，无论是白莲教的教义还是信徒的数量都有了长足的发展。韩氏白莲教的影响力之大可见一斑，这也成为不久之后元末农民起义的导火线。

先前的韩氏一派暂且称之为北派，另一派则是以江西袁州彭莹玉为代表的南派。两派的关系我们不得而知，但是直至最后两派之间也不曾有过合作。彭莹玉通过救死扶伤来积累人望，随着威信与日俱增，如先前提到过的那样，他借此组织信徒，伙同其徒周子旺于至元四年（1338年）揭竿而起。在元朝军队的镇压下，周子旺被抓获处刑，彭和尚侥幸逃得一命，后辗转于淮河流域努力发展新的信徒。

综上所述，散布于全国各地的白莲教徒在元末不断揭竿而起，但是大大小小的起义均未能形成燎原之势。虽说元朝日渐式微，但军队依旧驻守于全国各地，星星之火一经燃起转眼间便被掐灭。然而，经年累月的起义已经令世人心有所感，元朝的命数或许时日无多矣。时机一到民众便会再度聚集于反旗之下，起义将以雪崩之势席卷大元帝国，掘墓人的脚步已然近在咫尺。

---

[1] 译者注：原文并未道明姓名，根据《国初群雄事略》卷一《宋小明王》及《庚申外史》卷上所载，此人系韩林儿之曾祖父韩学究。

起义的序曲

至正四年（1344 年）五月，大都所在的华北一带霖雨为灾，连绵大雨持续二十余日，导致黄河泛滥。令人闻之色变的大灾从天而降将元帝国往覆灭的深渊边又推了一步，溢出河道的浊水高出地面六米之多，大水面前的防波堤变得不堪一击。它们咆哮着涌向山东一带冲毁白茅堤和金堤，黄河两岸的济宁与单州（山东省）、虞城（河南省）、砀山（江苏省）、金乡（山东省）、鱼台（山东省）、丰沛二县（江苏省）、定陶楚丘成武三地（山东省）俱为大水所淹，更北方的曹州、东明、锯野、郓城、嘉祥、汶上、任城等地也遭到水患侵袭。

其间，怒涛般的洪水夺走了众多老幼的生命，被驱赶着前来治水的年轻劳力也被冲得七零八落。不知疲倦的水势一分为二，一条沿着会通河向北流去，另一条沿着清济河向东而行，它们将河间（河北省）和济南（山东省）之间的地区化作一片沼泽，最后注入渤海湾逃之夭夭。

元朝政府见势不妙迅速向受灾地派遣官吏并召集大臣探讨治水的方略。但此时恰逢宰相脱脱辞任，朝局一片混乱导致治水之事迟迟未有进展。政府打开常平仓（用以调整物价或救济灾民的官库）放粮赈灾，同时将官职授予富民以换取余粮。然而，不管哪种方法均难以拔本塞源，此后每年各地的黄河水患总是如期而至，山东、河南一带更是常年受洪水侵扰，损失惨重。对此，统治者们依然在袖手旁观，庙堂之上他们忙于争权夺位根本无暇他顾。

令人惊讶的是，那时可怖的天地异变也异常频繁，水灾、旱灾、饥荒这些自不待言，连台风、地震这等异常气象也时有发生，每年政府总会收到不少这样的报告。不仅如此，根据《草木子·克谨篇》记载，当时民间盛行着各种传言，比如南方的民间就流传着这样的故事：

> 至正之初，长江一夕断流，众多船只搁浅在满是泥淖的河床之上。定睛一看，无数钱货散落各处，疑是过往沉船之物。居民争先恐后拾取财物，潮涨便退，潮落复进。据说更有甚者退走不及溺死于河中。这种状况持续数月之久，长江方才恢复正常。根据见多识广之人所言，此乃长江之咆哮无疑。[1]

> 至正八年（1348 年），浙江永嘉大风忽起，将海船抛至相去二三十里地的陆地，据说死者多达千余人。世人皆言，此乃海啸之故。[2]

> 无独有偶，北方的异变同样引人注目。

> 至正九年（1349 年），数万只蚕聚集到河南一户农家处齐心协力结了一只巨茧，它有能装入数斗米的石瓮这么大，被疑为是叛乱将起的前兆。[3]

---

[1] 至正初，扬子江一夕忽竭，舟楫皆阁于涂中，露有钱货无数。盖是累年覆舟之遗物也。人争取之，潮至辄走，潮退复然。亦有走不及而淹死者。如是累月。江复安流。识者曰：此江啸也（《草木子·克谨篇》）。

[2] 至正戊子，永嘉大风。海舟吹上平陆高坡上三二十里。死者千数，世人谓之海啸（同上）。

[3] 至正九年间，河内农家养蚕，及熟而上箔，共结成一幅，宛如旗状。又一家蚕数千万，共结成一茧，大如数石瓮，盖亦倮虫之孽。为兵之兆也（《草木子·克谨篇》）。

至正十年（1350年）冬，日暖，降雪之时常伴有电闪雷鸣，之后此景仍频繁出现，疑是阴阳之气紊乱所致。[1]

住在大都齐化门东街的一蒙古妇人面生长须，一尺有余。[2]

诸如此类的传言在各地此起彼伏。所到之处，民众皆会竖起耳朵，如此日复一日，他们也切身地感受到距离天下大乱之日已经不远。

每当听完这些流言，他们总是摇着头默然无言，心中则不约而同地叹息着"元朝怕是气数已尽了吧"。然而，纵使隐约察觉到这一点，他们也无能为力。天灾、饥荒早已令他们疲于应对，活在恐惧与不安之中的民众对于事态的发展除了默默旁观之外什么也做不了。

也正是这个时期，白莲教死灰复燃，教徒们频繁出没于各地。他们一边在民间积极传教，一边向民众宣扬："天下当大乱，弥勒佛下生。"[3]

流言瞬间吸引了大批信众，统治者已然对他们见死不救，想要活下去唯有仰仗弥勒佛的慈悲。他们念着"天下大乱，弥勒下生"的口号，盼望着弥勒佛的出现。对于在天灾人祸中苟延残喘的他们来说这或许是最后一缕希望，倘若连这都难以实现的话，摆在他们面前的唯有死路一条。

---

[1] 雪中雷电自至正庚寅以后屡屡见之，盖阴阳差舛之气异乎常也（《草木子·克谨篇》）。

[2] 又京师齐化门东街，达达一妇人，生髭须长一尺余（同上）。

[3] 《明史·韩林儿传》。

奋起的民众

搁置已久的黄河治水工程于至正十一年（1351 年）四月正式动工。

两年前，曾经失势的宰相脱脱重返朝堂，对政治重燃希望的他首先想到的便是治水问题。他向顺帝请命成为治水负责人后，立刻就此事询问了一干大臣，但是大臣们皆以为黄河难治为由一再推脱，治水计划眼看便要胎死腹中之时，唯有都漕运使贾鲁一人挺身而出力主治水。早在数年之前，贾鲁便辗转于各受灾地进行实地考察，因此对于详细的治水方略他早已了然于胸。他的主张与脱脱不谋而合，脱脱便力排众议采纳了他的治水方案并任命他为工部尚书（主司建设之臣）负责治水工程。

贾鲁计划恢复泛滥前的旧河道，令黄河改道再度从山东半岛南侧东流注入黄海，后世将新开凿的河道称为"贾鲁故道"。但是这项工程需要耗费巨大的财力与人力，他动员了两万人的军队，并从开封、大名等黄河两岸之地征召了十五万民工来修筑旧道。可是这些地区民生凋敝，多年来饱受水灾饥荒之苦的民众早已精疲力竭，此时又逢徭役，这使得他们对元朝的不满瞬间被点燃。

白莲教徒们自然不会错过这个机会：当时活动于河北、河南一带的白莲教主韩山童伙同信徒在黄河旧道中埋入独眼石人，随后散布民谣"石人一只眼，挑动黄河天下反"[1]。

万事俱备之后，他们互相约定一发现石人便同时起事，此时从旁扶植韩山童，并共同拟订计划的同伴们正是刘福通一党。刘福通是白莲教徒，他与同伴杜遵道、罗文素、盛文郁等人一同组建了起义军，并企图于起义之际打着韩山童的旗号扩张势力。而对手下无兵无将的韩山童而言，刘福通的帮助犹如雪中送炭，二者一拍即合结成同盟。

韩山童一众在两河一带传教之际，刘福通等人于安徽方面散播谣言"谓山童实宋徽宗八世孙，当为中国主"[2]。

那么这个宋徽宗又是何许人也？宋朝时，女真族建立金国，攻破汴京将两位宋帝俘至北方，其中一人便是在北方郁郁而终的宋徽宗。而宋朝又是为元所灭，此刻旧事重提，也是醉翁之意不在酒，意在团结汉族民众。经过一系列准备后，他们杀白马黑牛誓告天地以此进一步强化团队凝聚力，最后只待韩山童起义便遥相呼应。

不久，治水工地上果真有一石人被挖出，谣言的前半部分已然应验，民工们开始骚动不安。人人都以为不久之后定然会发生起义，他们口口相传，连手边的活都停了下来。但是，此处却发生了一个意外：原本计划以发现石人为号揭竿而起的韩山童在行动之前由于计划泄露被捕惨遭处刑，其妻杨氏和子韩林儿幸免于难藏身于河北武定山中。

另一方面，等待韩山童起事的刘福通等人却是焦急万分，韩山

---

[1] 权衡《庚申外史》。
[2] 《元史·顺帝本纪》。

童一方音讯全无，他们却等来了官府的追捕，形势万分危急。至正十一年五月，走投无路的他们唯有匆匆逃入安徽，在颍州举兵起义。

虽然起义之初消息闭塞，但是苦于元朝苛政已久的民众仿佛看到了一缕希望，陆续聚集于他们的反旗之下。起义军的力量与日俱增，他们以红巾束额为号，故称"红巾军"，此外又因为曾经焚香聚众故也称为"香军"。所谓的元末农民起义，它的序幕便是由这"红巾军"拉开的。

未几，红巾军便攻陷河南朱皋，此后他们势如破竹又相继占领罗山、上蔡、真阳、确山，兵锋扫过叶县、舞阳。待得汝宁、息州、光州陆续被攻陷后，红巾军的兵力已膨胀至十余万人，声势浩大连元朝军队都不敢撄其锋芒。

同年八月，与颍州相去不远的江苏徐州，家境颇富的李二与彭大、赵均用一同掀起反旗。李二别名芝麻李，饥荒之时，他打开家中粮仓，以芝麻赈济灾民，故得此名。芝麻李其人平日素有侠义之名，因此在乡亲父老间颇具人望，他将无赖与山贼收为己用，在地方上建立了自己的武装势力。得知红巾军起义后，他与左右道："当此之时，有真男子，取富贵之秋也。"[1]遂与赵均用等八人歃血为盟。他们趁着夜色攻下徐州城，随后又控制了附近的宿州、五河、安丰、泗州等数个州县，不久便成为拥兵十万之众的强大起义军。

大势所趋之下，越来越多的人聚集到反元大旗之下。至正十二年（1352年）春，安徽省定远县地主郭子兴与同伴孙得崖等四人密谋起事，他们带领数千名年轻壮丁攻陷安徽濠州（今安徽省凤阳县）。

---

[1] 权衡《庚申外史》。

随后几人皆自称元帅，组织军队以濠州为大本营向附近州县扩张，借此来壮大自身。朱元璋初出茅庐首次投身的起义军便是郭子兴的部队。在那里他从小兵做起，不久便崭露头角，关于这一点容后再续。

长江以北的情况暂且到此为止，长江以南的起义军同样以燎原之势迅速扩大。刘福通起义那一年，至正十一年八月，在河北一带养精蓄锐的彭和尚带领弟子徐寿辉、邹普胜聚众起义。徐寿辉是蕲州罗田县的布匹商人，邹普胜则居麻城以炼铁为生，二人叹服于彭和尚所宣扬的教义因而加入白莲教。因为徐寿辉相貌非凡、体格魁梧所以被彭和尚拥戴为义军首领，而他本人则隐于幕后操纵大局。因为他们也头裹红巾，因此同样被称为红巾军，但他们与刘福通所率的红巾军完全没有联系。为区分二者，一般将刘福通等人的起义军称为东系红巾军，而徐寿辉等人的起义军则被称为西系红巾军，本书也会沿用这个称呼。

同年九月，彭和尚等人攻陷湖北蕲州和黄州路，定都蕲州，国号"天完"。徐寿辉登基称帝，以邹普胜为太师，建元"治平"。次年，即至正十二年，徐寿辉整军经武，开始向周围大肆扩张。他不仅占据两湖之地，兵锋所至江西诸郡县也纷纷沦陷，不久起义军攻克昱岭关进而将杭州也纳入势力范围。另一方面，麾下赵普胜攻陷太平路等安徽诸路，并控制了长江以南的大部分地区。

红巾军以外的起义军

元末的起义军并非只有红巾军一家，与红巾军完全无关的一伙人也趁着社会动荡迅速崛起令元朝政府疲于应对。

时间回到刘福通起事的三年前，至正八年（1348年），浙江台州，以海运为生的方国珍举兵起义。与那些为了拨乱反正的伟大理想而奋起反抗的红巾军不同，方国珍起义的动机非常简单。回看方国珍的过往，他的家乡台州偶有海盗横行，有人举报方国珍是海盗的同谋者。不料方国珍愤然杀害举报者后亡命海上，竟真的干起了海盗营生。因为这段经历，他对元朝并不是特别反感，因此当元朝以官位为诱饵对他进行招安时，方国珍立马便答应了。不过，虽然当面答应归顺，但一转头便出尔反尔，由此可见，方国珍其人毫无原则可言，在行动上也缺乏一贯性。但是元朝又不得不依靠江南来筹措粮食，以供大都的日常所需，为了运送，方国珍的帮助是必不可少的。为此，屡叛屡降的方国珍总是被授予高官厚禄，他的羽翼就这样渐渐丰满乃至于最后连元朝也对他束手无策。

除此之外，天下最大的粮仓长江三角洲一带的沦陷更是令元朝如鲠在喉。至正十三年（1353年）五月，泰州白驹场，以贩卖私盐为生的张士诚率领盐田的民工们揭竿而起。张士诚兄弟原本在官盐船上以操舟运盐为业，当地富户不仅赊欠盐钱，还对他非打即骂极尽侮辱之能事。于是，张士诚决心袭击富户，他与同伴一起将富户打死并连同房屋付之一炬。高邮（今江苏省境内）守将李齐曾招降于他，虽然一时归顺，但此后他杀害江浙行省参政赵琏再度反元，不久之后拥兵万人之众割据一方。

元朝对此万分重视，许以万户（地方司令官）之位再次招降。张士诚拒不接受，反而起兵攻陷高邮，并以此为大本营自称"诚王"，定国号为"大周"，建元"天佑"。至此，元朝失去了最为重要的地区，高邮的陷落对元朝的打击比之方国珍的起义有过之无不及。这张士诚也是与宗教无关的起义军首领之一。

如上述所言，东西两系红巾军活跃在长江南北，而张士诚、方国珍等势力又盘踞于江浙等经济发达地带，元朝实际上所能支配的地区已所剩无几。不过，那时距离元朝亡国仍有十五年之久，在这段最后的时间里其如溺水之人一般反复挣扎。起义者割据四方，元朝虽然已遍体鳞伤但还没有脆弱到被起义军一击即溃。在这生死存亡的关头，忽必烈建立的征服王朝将统治中国九十载的经验瞬间集中于这一刻，他好似一头伺机反扑的猛兽，随时准备择人而噬。

三
成长的朱元璋

濠州府钟离县

天历之变爆发的 1328 年某日，濠州府（安徽省凤阳县）钟离县东乡，华北的骚乱还未影响到此地，小城沐浴在秋日的阳光中。

自古以来，英雄伟人出生时往往伴有异象，朱五四家的这个婴儿自然也不例外。父母为他取名为朱重八，亦即后来的明太祖朱元璋。天历元年（1328 年）九月十八日未时（十三时左右），他出生于濠州府钟离县东乡的一户贫农家中，在四男二女中排行最末。其父名为朱五四，其母陈氏。五四之名取自其父母年龄相加之和，元朝时，目不识丁的农民均采用这样的取名方式。朱元璋幼时的名字也是这样来的，在朱氏一族中同辈人他排行第八，故名重八。

朱氏一族的祖先原本定居于江苏省沛县，元朝初年，他们迫于生活背井离乡迁徙至江苏省句容。由于朱氏一族聚居此地，后来这一带又被称作朱家巷。据说，当时朱元璋的祖父朱初一被政府划为淘金户，因此作为徭役必须向元朝上缴黄金。

但是，句容并非黄金产地，为了完成任务他不得不从别处购入黄金，这对一贫如洗的民众来说无疑是沉重的负担。后来，朱初一耐不住苦役带着全家移居到江苏省盱眙，当时的朱五四年仅八岁。

朱初一在这里得到了极少的土地，为了养活一大家子他拼命劳作。在他的努力下，全家总算过上了勉强能够果腹的生活，长子和次子也都到了谈婚论嫁的年龄。但是好景不长，没过多久朱初一便去世了。生活再度难以为继，朱五四和其兄朱五一不得不又一次舍弃了故地。

　　他们携家带口移居到濠州府灵璧县，不久又迁至虹县，此间朱元璋的三个兄长也陆续降世，长兄在盯眙津律镇出生、仲兄在灵璧出生、三兄在虹县出生。朱五四五十岁那年又移居东乡，而朱元璋正是在这里出生的。但是，东乡也并非安居之所，他们一家再次迁到西乡，最后于太平乡孤庄村安家落户。由此可见，朱氏一家在当时的民众之中应该被归类为最底层，与其说是贫农，实则更像流民。

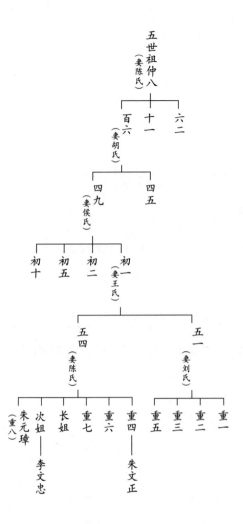

图 2　朱元璋家谱图

少年时代

　　朱元璋自幼体弱多病，这也是朱五四夫妻的烦恼之源。出生不久，他便患上了原因不明的怪病，连乳汁都喂不进去。朱五四连忙去请医生，但不巧的是医生恰巧出诊未归。无计可施的他唯有原路返回，到家时见到一僧人坐于自家门前。朱五四遂道明缘由并问计于该僧，对方答曰："何妨，至夜子时（二十三点至一点之间）自能食。"[1]

　　话音方落，那僧人便无处可寻。入夜后，子时一到朱元璋果然不药而愈。此事过后，朱五四便寻思着令朱元璋出家为僧，但碍于陈氏的反对一直未能如愿。

　　而根据《明太祖实录》卷一所记载，那晚陈氏曾对朱五四谈及幼子："村里人都说我们家生了几个好儿子，但是我看这几个都没什么大出息。"随后，她指着尚在襁褓的朱元璋，一边叹气一边低声嘟囔："或许这孩子才能封妻荫子光耀门楣吧。"[2] 对于年纪尚幼的末子，她或许抱着一丝隐隐约约的期待吧。

　　因此，待朱元璋稍长，父母便将他送往村里的私塾。他们出于

---

[1] 无名氏《天潢玉牒》。
[2] 人言吾家当生好人，今吾诸子皆落落，不治产业。指上曰岂在乎及。（《明太祖实录》卷一）

这样的考量——若能读书写字对于这孩子或许会有些帮助。但是，朱五四一家却没有余力供他一直读下去。不久朱元璋便成了地主家的牧童，开始了他日复一日的放牛生活。

据说，朱元璋在放牛娃间颇有领袖风范。他们之间经常玩"谁是皇帝"的角色扮演游戏，而朱元璋一直以来总是扮演皇帝。他将破损水车上的辐板戴在头部充当太平冠，再找来零碎木板充当朝笏，而一众小伙伴则纷纷恭顺地在他面前跪下，齐齐以额叩地，此时的朱元璋已然具备了一种威风凛凛的帝王风范。

此外，关于少年朱元璋还有这样一则轶事。由于家贫他与放牛的小伙伴们每天吃着清汤寡水，空着肚子追着牛儿满山跑。有一天，他们一起放牛时，终于大伙耐不住饥饿，于是宰了一匹小牛准备一尝肉味。他们将小牛剥去皮后生火烹食，平日里饱受饥饿的少年们一眨眼的工夫便将牛肉分食殆尽，最后吃得只剩下牛皮和牛尾巴。

虽只是一顿牛肉但对当时的少年们来说却不亚于一场盛宴，然而随着饱腹感袭来他们也意识到盛宴结束，被拉回现实的少年们因为自己的所作所为惶惶不安。这时候，朱元璋迅速地行动了：他将牛皮和牛骨埋入地底，将牛尾巴插入地面的缝隙后，诓骗地主说，牛儿掉进地缝溜走了。[1]地主跟着他来到事发处试着拔了下牛尾，没想到牛尾竟真的往地底陷去，短暂的一瞬间，地主竟然信以为真。但是，仅凭这种粗劣的伪装自然不可能一直将地主蒙在鼓里。不久，东窗事发，朱元璋自然当场便遭到了地主毫不留情的毒打。但是，

---

[1] 杀小犊煮食之，犊尾插入地，诓主者曰："陷地裂去矣！"（王文禄《龙兴慈记》）。

自始至终他都否认自己的罪行并一口咬定牛是陷进了地面的缝隙之中。从这以后，小伙伴们对朱元璋的信赖与评价自然也越来越高。

时而玩耍胡闹，时而失败碰壁，朱元璋在一贫如洗的环境下，平凡无奇地度过了他的少年时代。虽然依旧食不果腹，但比起外乡那些在忍饥挨饿中死去之人，他们的生活倒也还不算太差。一家八口齐心合力，日子总算还能过下去。

话虽如此，大人们时不时地聊起他乡的骚乱，一旁的朱元璋却也不由自主地将这些传言收入耳中。在他十岁时，河南汝宁棒胡起义，又长一岁时，江西袁州周子旺起义。虽然这些起义都发生在与钟离相去不远之地，但对于朱元璋来说，这些只是发生在远方的无关痛痒之事。每天迫于生计疲于奔命的生活令他渐渐将这些流言抛诸脑后。

然而，这样的一家人却突然遭逢了悲剧的开演。那年正是朱元璋十七岁，至正四年（1344 年）六月，钟离县所在的淮水流域遭遇了罕见的旱灾。求雨的法事没有奏效，这些地区数月之内滴水未降。旱魃肆虐之下，田地完全干涸，小麦和稻谷的幼苗凋零枯敝，唯有几道龟裂开来的缝隙诉说着天气的炎热。而旱灾方过，蝗灾便从天而降仿佛要将人赶尽杀绝。遮天蔽日的蝗虫袭来，所过之处作物皆被啃食殆尽，即便饱受饥荒的民众看到这片惨状也只能怅然若失不知所措。

俗话说大灾之后有大疫，疫病按照惯例开始流行，忍饥挨饿筋疲力尽的民众在瘟疫面前仿佛一触即溃的大军，太平乡的居民们接二连三地死去。朱元璋之父朱五四于六月四日死去，三日后兄长重四也紧随其后，六月二十二日其母陈氏也撒手人寰。短短不过二十日，朱家不仅失去了父亲这根顶梁柱，连母亲和兄长都接连故去。

幸存的兄弟们无计可施，其中两位姐姐已嫁作人妇，家中三子也已过继出去，朱家的男丁只剩下次子和朱元璋。但是他们身无分文，连收殓父母所需的棺椁都无力购买，走投无路的兄弟二人号啕大哭。但是眼泪解决不了问题，他们决定去找雇佣他们的地主商量，希望得到些资助以殓葬父母。但是地主刘继德不仅不为所动反而厉声呵斥，连一块埋骨之地也不肯施舍。

这个时候，看到兄弟俩的悲惨境遇，刘继德之兄刘继祖于心不忍，将山脚的一块地施舍给二人，他们对刘继祖千恩万谢后将三人的遗骸运至墓地。但正当二人挖好墓穴准备将遗骸下葬之际，突然之间天昏地暗电闪雷鸣，倾盆大雨瞬间倾泻而下。受到惊吓的兄弟俩急忙前往树荫下躲避。约莫过了小半个时辰，雨过天晴后，他们返回墓地却不见了骸骨的踪影，原来此前的大雨造成了山体滑坡，被雨水松动的泥土恰好将骸骨掩埋形成一座小山包。兄弟俩认为这是自己的悲惨遭遇引得上苍垂怜出手相助，于是跪拜良久方才依依不舍地离去。

办完了亲人的身后事，二人不得不思考该何去何从。长兄的妻子带着孩子回了娘家，仲兄决定就此留下，问题在于未成年的朱元璋该由谁来抚养。姐姐们的夫家显然指望不上，大家都是家境清寒的贫农哪会有余力接济？思前想后还是想不出一个万全之策。

兄弟二人终日愁眉苦脸，邻居汪大娘放心不下于是提醒二人，父亲朱五四曾经有意让朱元璋出家为僧。因为汪大娘与附近皇觉寺的高彬和尚关系不错，在她的游说下，朱元璋进入皇觉寺当起了小沙弥。九月某日，剃完度的朱元璋提着汪大娘为他准备的少许礼物穿过了皇觉寺的大门。兄弟二人从此天各一方，有生之年他们再也不曾相见。

游方僧

作为小沙弥入寺的朱元璋除了诵经念佛之外，每日还需要完成做饭、洗衣、打扫等诸多杂事，因此说是沙弥其实与任意驱使的杂工无异。皇觉寺的生活天未亮便要起床，每天都忙得晕头转向。不仅如此，师兄弟一起干活时，为了减轻自己的负担，师兄们总是变着法儿吩咐他做这做那。寺里也讲究个先来后到长幼有序，后来者朱元璋自然不能与师兄们对着干，为了安身立命他唯有忍气吞声，一边打杂一边默默度日。

日子一天天地过，但皇觉寺也不再安宁。寺庙靠着地租收入度日，平时倒也安生，但是连年的饥荒令寺里的收入每况愈下，终于储备的粮食见了底。寺内的沙弥们越来越少，有一部分陆续回家，剩下的大多成为游方僧人出门行脚去了。对无家可归的朱元璋来说，他别无选择。入寺仅仅五十日，那天清晨，他披上一身古旧的僧袍戴着残破的斗笠手拄木杖被迫踏上游方僧之旅。

说是游方僧，其实与沿路乞食之人相差无几，那些依葫芦画瓢所记下的少许经文是他唯一的谋生手段。为了化缘，他选了一片较为富庶的地区在此地游方行脚。最初，他来到濠州南部的合肥，随后一路向西前往六安。途中，一位背着书箱的年老儒生精疲力竭地在路边歇脚。见他年事已高，心生怜悯的朱元璋便上前提议帮着背一程书箱。虽然那位老者拒绝了他，但朱元璋还是决定陪护一程，于是二人一同来到名为朱砂镇的地方。走累之后，他们便于一棵槐树下稍作歇息，老人盯着朱元璋的脸庞目不转睛地打量了半晌，对朱元璋说道："我观贵相非凡，我善星历，试言汝生年月日为推之。"

朱元璋如实回答后，那年老的儒生沉思片刻，如此说道："吾推命多矣，无如贵命，愿慎之。今此行利往西北不宜东南。"[1] 言毕，将旅途中需要注意之处事无巨细一一叮嘱，最后连姓名也没有相告便飘然而去。

那位老者只是一眼便看出朱元璋绝非池中之物，实际上朱元璋的面容确实生得极具特色。众所周知，朱元璋有两种肖像传于后世，一幅是气度不凡俨然一副九五至尊的样子。但是，陆容在其随笔《菽园杂记》中提到，朱元璋生前曾经命令画师为其重画肖像[2]。历史上关于朱元璋肖像的记载也着实不少，根据这些史料推测，一般认为两种肖像其中之一是比较贴近真实人物的。

据说另一幅肖像中，他宽大的额头向上隆起犹如五柱入顶，下颌部同样向前突起，脸上长着粗壮的眉毛和丰硕的鼻子，此外脸庞散布的麻子也是极具辨识度，但最具特征的还是他那锐利的目光，仿佛能够穿透人心一般令人感到一股扑面而来的压迫感。这副威严与丑怪兼具的面貌令人过目难忘。此后，朱元璋就是凭借这副面貌逃得大难，此处暂且按下不表，容后再续。

---

[1] 《明实录·太祖实录》卷一。

[2] 译者注：高皇尝集画工传写御容，多不称旨。有笔意逼真者，自以为必见赏。及进览，亦然。一工探知上意，稍于形似之外，加穆穆之容以进。上览之，甚喜，仍命传数本以赐诸王。盖上之意有在，它工不能知也（《菽园杂记》卷十四）。

如那老者所言，此后朱元璋向西北的河南一带游方行脚，途经光州、固始、息州、罗山、信阳后，继而北行到达汝州。休整一番后，他又向东而行，经过陈州、亳州，朝颖州而去。一路走来，朱元璋的足迹遍布淮西地区（淮水以西），他看尽了人间百态历经了千辛万苦。后来回顾这段漫长的旅途时，他这样感叹道：

> 众各为计，云水飘扬。我何作为，百无所长。依亲自辱，仰天茫茫。既非可恃，侣影相将。突朝烟而急进，暮投古寺以趋跄。仰穷崖崔嵬而倚碧，听猿啼夜月而凄凉。魂悠悠而觅父母无有，志落魄而侠佯。西风鹤唳，俄渐沥以飞霜。身如蓬飘逐风不止，心滚滚乎沸汤。

（《御制皇陵碑》）

于朱元璋而言，这是一段充满磨难的旅途，但在他人格塑造的过程中，这又是一场绝无仅有的试炼。唯有背井离乡踏上陌生的土地，他方才了解到世界是如此的广袤无际。旅途之上，他遇见了形形色色的人和事，而这些邂逅和经历都不断地拓展着他的视野，丰富着他的阅历。虽然这场远游始于无依无靠的少年对于生存的渴望，但是为了活下去而拼尽全力的每一天，这种全力以赴却深深地烙在他的骨肉之上挥之不去。

这段旅途带给他的远不止于此，行脚途中他还收获了众多宝贵的知识。值得一提的是，因为彭和尚和韩山童都曾在淮西一带积极地开展过传教活动，所以该地的白莲教也异常活跃。得益于此，朱元璋结识了白莲教徒并得知了他们的教义，以此为契机他开始审视社会的诸多矛盾。对于朱元璋是否入了教，后世虽暂无定论，但是这教义确确实实令朱元璋混沌的双眼豁然开朗。他的心中定然也开始对未来产生了些许的期待吧。这样的日子年复一年，第三年时，他再也压抑不住心中"滚滚如沸汤"的思绪，那时的朱元璋仍然不知道这思绪究竟为何。

　　不久，他通过传闻得知了故乡的变乱，心中也泛起了淡淡的乡愁。以此为契机，他决定结束三年的游方之旅，回到皇觉寺。此时，离至正七年（1347 年）的年关也不远了。

四
投身红巾军

朱元璋的决断

朱元璋回到了阔别已久的皇觉寺，曾经的寺庙早已破败不堪，原先的僧众大半也已不见踪影。唯有高彬和尚费尽心力总算守住了寺庙，看着长大成人的朱元璋，他甚是欣慰地将其迎入寺中。

就这样，朱元璋回到了一心一意诵经念佛的生活。但是他的内心却不再如往昔那般平静，夜深人静之时他不断扪心自问，难道就这么留在寺里与青灯古佛为伴然后碌碌无为地了却余生吗？在朱元璋举棋不定之时，时代的车轮依旧滚滚向前。至正八年（1348年），也就是朱元璋回寺的次年，海商方国珍于浙江台州起义，仅过了一年，曹七七在山西平遥举起义旗。外面的世界，人心思变，社会也愈加动荡不安。

为了得到外界的消息，此时的朱元璋正尽可能地与附近的年轻人攀谈，努力消化着世间动向背后所暗藏的玄机。也正是在这个时期，他结识了今后并肩作战的徐达、汤和等人，琢磨着他们带来的消息，朱元璋心中那"滚滚如沸汤"的思绪不知不觉开始蒸腾蜕变。

此时，恰逢地主郭子兴等人攻占濠州。郭子兴出生于濠州府定远县，祖上本为山东曹州人，其父郭公时举家迁至定远县。郭公本是靠卖卦相命为生的一介平民，因为娶了当地大户人家的盲女一跃跻身富裕阶层，郭子兴正是其次子。长大成人后的他颇具豪杰气概，平素交游广阔在府上养了众多食客。后来，随着元朝的政局逐渐混乱，野心勃勃的郭子兴散尽家财招募壮丁。万事俱备后，他一边杀牛备酒与麾下诸人觥筹交错以此来增强凝聚力，同时厉兵秣马静待起事之日。

至正十二年（1352年）二月，郭子兴伙同孙德崖、愈某、鲁某、潘某等人攻占濠州城，并将其作为大本营。随着他们起事，附近的年轻人纷纷前来投军，起义军迅速扩张一转眼便成了拥兵数万的大型武装集团。此时，朱元璋接到了一封旧友的来信，旧友称已加入起义军并力劝朱元璋投军，朱元璋犹豫不决。据传，在濠州起事的各大首领皆自称大元帅，起义军内部也不似想象中那般众志成城。那么这样的一伙人真的值得自己以性命相托吗？他左思右想最后还是没能下定决心。

起义不久，元朝派遣彻里不花夺回濠州城。然而，彻里不花其人软弱无能胆小怕事，竟不敢攻向濠州，反而抓捕无辜的良民充作叛军以此来向元廷邀功请赏。彻里不花此举令附近民众战战兢兢，同时也进一步将他们推向起义军一方。

三月的某日，彻里不花的手下突然来到了皇觉寺，据说是因为元军将皇觉寺当成了乱党藏身之处。他们驱赶僧众后肆无忌惮地搜刮财物，最后为了消灭证据竟将寺庙付之一炬。逃难离开的朱元璋在傍晚时回到了寺庙，映入眼帘的却是一片废墟残骸。寺庙的建筑物大半化为灰烬，唯有青铜佛像孤单地坐在一片焦黑的瓦砾之中。事已至此，朱元璋反而冷静下来，容身之地化为乌有，何去何从唯有仰仗神佛的指引了。

他来到佛像前席地坐下虔诚地祈祷一番后，拿出两片圣玟（形如半月的占卜用具）开始占卜自己的前程。

今兵难如此，吾欲出避兵，志无所定，愿于神卜之，出与处孰吉明？

如此默念着，朱元璋掷出圣珓，结果显示不吉，反复掷了三次，依然是不吉。

傻眼的朱元璋思索道："出与处既不吉，无乃欲吾从雄而后昌乎？"[1] 于是便又一次掷出圣珓，果然大吉。这一年的春天，二十五岁的朱元璋终于确定了心中所想——加入起义军。

---

[1] 《明太祖实录》卷一。

邂逅郭子兴

至正十二年（1352 年）闰三月一日 [1]，朱元璋来到濠州城下对守卫说明了来意。不过，守卫似乎对他有所误解，他们把身穿破烂僧衣、长相丑陋的朱元璋误认为元朝间谍，不由分说便将其五花大绑。守卫对其展开了严厉的讯问，那架势仿佛朱元璋稍有异动便要人头落地的样子。虽然朱元璋极力否认，但无人愿意相信。

不久，接到报告的郭子兴也来到城门前想见一见这奇怪的间谍，朱元璋就这样五花大绑地被带到郭子兴面前。举兵起义的郭子兴的确不是徒有虚名之人，他看了看朱元璋奇特的面相便隐约察觉到这人定然不是一般的庸碌之辈，便立刻让左右为其松绑并问明了来意。朱元璋遂将自己的身世经历及心中所愿和盘托出，一番交谈后，朱元璋颇得他的青睐，于是便被留在帐下成了一名步卒。

加入起义军后，朱元璋如鱼得水，每逢战事，必定带头冲锋，屡屡建功，因此不多久便被提拔为十夫长。所谓十夫长便是能指挥十个步卒的小队长，对于出身底层的朱元璋来说，这无疑是出人头地了。但是，朱元璋的能力远非如此，作战之时他善于审时度势运策决机，行动之时他又坚决果断毫不犹豫。在郭子兴对外扩张的过程之中，朱元璋的贡献良多，甚至于连郭子兴都不知不觉将他看作

---

[1] 译者注：中国古代农历中，一年中会出现两个三月，第二个三月称为闰三月。

心腹，每逢要事总是问计于他。

才能出众的朱元璋连郭子兴的第二夫人张氏都有所耳闻，张氏三番两次向郭子兴夸赞朱元璋杰出优秀。她有一个想法——将夫妇俩疼爱的养女嫁予朱元璋为妻。此女乃是郭子兴好友马公之女，马公准备前往故乡宿州（今安徽省）起事，临别之际将女儿托付于他。后来，马公起事失败惨遭不测，郭子兴夫妇便将她收养视同己出。那时，她二十又一，芳华正茂。

张氏作为妇道人家也有着自己的计较：朱元璋之才有目共睹，而丈夫郭子兴虽然自称大元帅，但与同为大元帅的其他四人相比，无疑郭子兴的势力居劣势，因此即便为了丈夫，也必须将朱元璋拉拢到己方阵营。出于这个想法，张氏说服了郭子兴便择了良辰吉日为二人完婚，此时距离朱元璋投奔郭氏起义军还不到半年。从此以后，朱元璋在郭子兴军中的地位便高了一筹，士兵们也改称他为"朱公子"。也是在那时，陪伴他许久的"重八"之名终于被他改为了"元璋"。

朱元璋的结发妻马氏便是后来的孝慈皇后，按照中国古代对女性称呼的惯例，她的名字同样不为人知。从马氏的成长经历可以看出，她绝不是在优渥的环境下长大成人的。但是，成长路上的艰难困苦对她的人格塑造却起到了至关重要的作用，这使她成为一个贤惠稳重、思虑周密的出色女性。此后一路，马皇后对于朱元璋的帮助是难以估量的。

迎娶马氏后，朱元璋与郭子兴虽为翁婿，实则却遭到郭子兴的猜忌。郭子兴此人器量狭小，朱元璋越是出众、功勋越是卓著，郭子兴反而越是疑神疑鬼。虽然朱元璋对郭子兴的态度始终如一，但这也令郭子兴味同嚼蜡。两人暗生嫌隙，幸亏有马氏从中周旋才避免了翁婿反目。每逢朱元璋的部下有礼物献上，她总是会送一份给郭子兴之妻，也因此郭子兴才多次平息怒火。在马氏的帮助下，朱郭二人的翁婿关系并没有恶化到无可挽回的地步。

此外，每逢朱元璋出征，马氏总是主动承担起后勤的任务，组织起义军家属们一起修补军服战靴。再者，因为朱元璋在战场上经常空腹作战，马氏考虑到丈夫或许会饥饿难耐而无力作战。因此，为了让他能够吃饱作战，平素她还刻意控制自己的食量，将节约下来的粮食留给出征的丈夫 [1]。

据说，他们之间还发生过这样的事。有一次，因为触怒了郭子兴，朱元璋被关了禁闭，郭子兴吩咐士兵不给朱元璋送饭。见此，马氏便偷偷从厨房拿了刚烙好的烙饼揣在怀中，借着探望的机会拿给丈夫吃。朱元璋因此没被活活饿死，而马氏的胸口每次都被烫得赤红。马氏便是这样一位以夫为纲，甚至能够牺牲自己的女性。

---

[1] 译者注：居常贮糗，脯修供帝，无所乏绝，而己不宿饱。（《明史·后妃传·太祖孝慈高皇后》）

徐州起义军来投

　　郭子兴虽占据濠州，但是在起义军内部却遭到了孤立，他与当初协助他起事的孙德崖等人总是格格不入。郭子兴原本是濠州地主出身，在当地也是响当当的一号人物；而孙德崖等人原本是当地的无赖地痞，实际上与盗贼之流无甚区别。占据濠州城后，他们每日都率队在附近村庄肆无忌惮地劫掠，如此种种鼠目寸光的行径，郭子兴自然不屑一顾，心生鄙夷。这反而导致四人抱成一团将郭子兴排除在外，面对这种情形郭子兴却有心无力。

　　至正十二年（1352年）九月，濠州起义军发生了一件大事：元相脱脱挂帅尽起大军四十万攻向徐州。此时在徐州当家做主的正是前年揭竿而起坐拥十万大军的芝麻李。结果可想而知，徐州起义军兵败如山倒，芝麻李也被元军擒获杀害，部将彭大、赵均用率领残兵败将投奔濠州而来。此二人本是盗贼的首领，因此孙德崖等人久闻大名，不仅拥戴他们为主更将统辖之权双手奉上。

　　其中彭大为人足智多谋，故与郭子兴走得较近，二人投桃报李，关系处得颇为融洽。另一方面，孙德崖等人则拉拢了赵均用一方。某日，孙德崖向赵均用搬弄是非，指责郭彭二人相互勾结所图非小。愤怒的赵均用遂带人绑了郭子兴，幽禁在孙家的一间屋子中。恰巧在外领兵的朱元璋回来后得知此事，便火急火燎带着郭子兴的两个儿子一同去找彭大帮忙。

彭大当即表态："吾在，孰敢鱼肉而翁者。"[1]说完，便带着朱元璋等人闯入孙德崖的宅邸，打破郭子兴的项枷脚铐，将其送回了家中。从那以后，濠州起义军内部的派系之争也愈演愈烈，随时都有分道扬镳的危险。

反而是突如其来的外患令内部的骚乱暂时平息。至正十二年十二月，夺回徐州令芝麻李兵败身死的元相脱脱正准备一鼓作气收复濠州，他派遣贾鲁为将围攻濠州，这里的贾鲁正是前文提到过因黄河治水而声名鹊起的那位。面对元军压境，郭子兴等人暂时摒弃了私怨通力合作，开始了长达五个月的固守，其间数次交锋，双方均是死伤枕藉。但是某日清晨探子回报，一度将濠州城围得水泄不通的元军突然间消失得无影无踪，原来是贾鲁在军中病逝，失去主帅的元军唯有鸣金收兵。濠州起义军虽于虎口之下侥幸逃生，但彭大和赵均用却深信是自己挫败了元军的攻势，并迫不及待地自立为王，他们反客为主凌驾于濠州起义军之上，而郭子兴等人依旧是元帅。

元军围困之危虽解，濠州起义军却也为此折损了不少人马。当务之急是尽快补充兵员，重整旗鼓。此时，朱元璋迅速行动，他回到故乡钟离募兵，并将募集到的七百新兵原封不动交到郭子兴手中，郭子兴大喜，授其镇抚一职以彰其功。从那时起，故友徐达、汤和便一直追随朱元璋左右。

本应休养生息以图东山再起的濠州起义军，其内部管理依旧混乱不堪。彭大与赵均用势成水火，而郭子兴又毫无远见。长此以往

---

[1]《明史·郭子兴传》。

濠州起义军前途渺茫。深思熟虑之下，朱元璋决定将部下交与他人，自己带上二十四位心腹手下及少量士兵南下。江南一带经济发达，他希望在这里找到突破口以此来打开困局。

随朱元璋一同南下的二十四位心腹手下分别是徐达、汤和、吴良、吴祯、花云、陈德、顾时、费聚、耿再成、耿炳文、唐胜宗、陆仲亨、华云龙、郑遇春、郭兴、郭英、胡海、张龙、陈桓、谢成、李新材、张赫、周铨、周德兴。这几人均为濠州府的农民、无赖或者地主，他们出身虽不尽相同，但都是朱元璋的同乡。这二十四人后来被称为淮西二十四将，其中不少人成为大明帝国的开国功臣。这同时也佐证了一个事实——明朝实际上是由一帮濠州老乡一手缔造的。下文中，本书暂时以"朱元璋集团"来称呼这支队伍。至正十三年（1353年），朱元璋集团离开濠州一路向南，这也是朱元璋夺取天下的第一步。

朱元璋集团的发展

元朝末年烽烟四起，为了保护家乡各地都组织了自卫武装来代替腐败无力的元朝军队，这些武装大多是由村里有权有势的地主动员农民组织而成。他们在村庄的要冲之地安营扎寨以抵御来犯的起义军，当时的史料中频繁出现的"结寨自保"一词说的便是这种情况。此外，还有一些抵触世俗秩序的地主，他们视律法为无物，趁着社会动荡强势崛起，作为本地势力他们也承担了保卫村庄的任务。其中也不乏有人借机浑水摸鱼，他们借口维持治安纠集附近民众以此来扩张自己的势力。

在当时，这样的武装集团被称为民兵或义兵。一些强大的民兵首领甚至被元朝政府授予义兵元帅或义兵万户等官职，因此，他们也积极协助元朝完成各种任务。反之，有的民兵集团则逐渐沦为盗贼聚集之所，他们割据一方与元朝抗衡。如上述所言，一群心怀鬼胎的盗贼、地主、野心家活跃于元末乡村，使得当时的乡村社会形势复杂多变。南下的朱元璋正是打算招降这两种截然不同的民兵集团，以此来壮大队伍拓展势力。

至正十四年（1354年）正月，在前往攻打濠州东南定远的途中，朱元璋听到了这样一个消息：定远张家堡驴牌寨孤立无援已到了山穷水尽之时，正考虑投靠某方势力。朱元璋当机立断率费聚等人前往驴牌寨，使了个计策便擒获了贼首，招降了三千民兵。不久在豁鼻山结寨自保的秦把头也接受了朱元璋的招抚,率八百民兵投降。

下一个目标是横涧山,此地驻扎了两万民兵,由接受元朝赐官的义兵元帅缪大亨统领。对于他们,朱元璋并未招抚而是直接派了花云带兵夜袭,轻而易举便将全部队伍纳入麾下。结果,仅仅一个多月,朱元璋的队伍便发展壮大。随后,朱元璋之名也在附近传扬开来,各地势力纷纷慕名而来率众归降。地主吴复,冯国用、冯国胜兄弟、丁德兴等都率领民兵加入了朱元璋的队伍。此时的朱元璋虽说依然是小势力,但是在众多地方起义军首领中已经锋芒渐露。

吸收民兵队伍势必对朱元璋集团的价值取向产生一些影响。原先的朱元璋集团是为了对抗现有秩序奋起战斗的起义军,他们以打倒位于统治阶级的地主为目标。至少在濠州时,他们掠夺地主的财产以此来维持部队的正常运转。但是,若是一直干着烧杀掠夺的勾当,那么前途定然是有限的。正是因为抱着这个疑问,朱元璋才离开濠州走上独立之路。但他却还未找到新的理想来替代旧目标,为了维持日益庞大的军队开支,他们仍旧只能像从前一样劫掠地主。

此时,麾下的地主们为进退两难的朱元璋指了一条明路。他们想要重建土崩瓦解的社会秩序,为此他们希望朱元璋能成为秩序的支配者。为了令朱元璋能够赞同并向着他们的理想前进,地主们开始尝试开导朱元璋。比如,有一回朱元璋就天下之大计询问冯国用,冯国用当即用了以下一番话开导他。

> 金陵虎踞龙盘,帝王之都,先拔之以为根本。然后四出征伐,倡仁义,收人心,勿贪子女玉帛,天下不足定也。[1]

---

[1] 《明史·冯胜传》。

这番话阐述了冯国用对于朱元璋的两点期待：其一，为了成为秩序的支配者，首先必须拿下金陵并以此为大本营建立根据地；其二，要求朱元璋停止劫掠，广播仁义，站在秩序守护者角度看问题。当时的朱元璋究竟是否正确理解了第二点，我们不得而知。但是从他之后的行动可以看出，朱元璋确实正渐渐朝着众人所期待的方向前进。究其原因，迄今为止朱元璋一直对自己的所作所为抱着淡淡的怀疑，而冯国用一番话令他豁然开朗，他瞬间领悟到这种怀疑源自何处。此外，为了建立政权也必须消除起义军的流寇色彩以获得广大民众的支持。在冯国用的帮助下，曾经一味地专注于扩张势力的朱元璋终于找到了前进的方向。

攻下定远后，朱元璋将目光投向滁州（今安徽省境内）。途中，定远县人李善长走进了他的军营。李善长自幼便博览群书，对法家的学问尤为精通，为人多智善谋，是当地有名的长者。面对穿着儒服前来求见的李善长，朱元璋如是问道："四方战斗，何时定乎？"李善长从容对曰："秦乱，汉高起布衣，豁达大度，知人善任，不嗜杀人，五载成帝业。今元纲既紊，天下土崩瓦解。公濠产，距沛不远。山川王气，公当受之。法其所为，天下不足定也。"[1]

朱元璋对他的回答甚是满意，遂留下了李善长，任命他为掌书记，令其参与各种军机大事。此后，李善长作为朱元璋的参谋，一心一意周旋于众将之间，帮助他们增进沟通、调解纠纷，同时李善长还致力于选贤任能。因此，大明帝国建立后李善长位列开国第一功臣。

---

[1]《明史·李善长传》。

至正十四年（1354年）八月，因面貌粗黑得名"黑将军"的花云率众对滁州展开猛攻，不久滁州也落到了朱元璋手中。此时，他旗下的起义军已逾三万。过去各奔东西的朱家人听闻了他的消息纷纷陆续前来投靠，在太平乡逝世的长兄之子朱文正母子二人及二姐夫父子二人来到朱元璋的帐下。此时朱元璋才得知姐姐早已离世，而其子李文忠只有十二岁，不通世事的他或许对朱元璋抱着一种特殊的亲近感，初次见面便天真无邪地拉着他的上衣玩耍。朱元璋对于亲人的离世也感慨万千，看着天真的外甥不由得感叹道："外甥见舅如见母也！"[1] 他对初次见面的小外甥分外疼爱，将其与另一个相同遭遇的少年沐英[2]收为养子并赐姓朱。

另一方面，朱元璋离去后，濠州起义军仍然内斗不断。彭大与赵均用的权力斗争趋于白热化，死于内耗的士兵不知凡几。在这场争斗中，彭大死于流矢，其子彭早住统领了父亲的军队。但是仅凭彭早住的力量毕竟难以与赵均用相抗衡，此后赵均用的专横暴虐变本加厉，失去彭大这面后盾的郭子兴也险些被赵均用杀害。得知濠州近况的朱元璋无法弃旧主于不顾，于是便决定接郭子兴来滁州并重归其麾下。不久，郭子兴率领一万余人来到了滁州，他自称滁阳王并接过了朱元璋军队的统辖权。

但是，树欲静而风不止，不久之后郭子兴便听信谗言开始疏远朱元璋。或许是出于嫉妒，他不仅将朱元璋的兵权慢慢剥去，又想将李善长要到身边当差。李善长向朱元璋哭诉请愿，总算是避免了

---

[1] 《明史纪事本末》卷一。

[2] 译者注：英，定远人，父母俱亡，太祖见而怜之，令高后育之为子（《明史纪事本末》卷一）。

主仆分离。由此事便可窥知，郭子兴对于朱元璋的态度之恶劣。即便如此，朱元璋对郭子兴的态度还是一如既往的恭顺，丝毫不曾做出违背郭子兴意愿的举动。

郭子兴十分享受这种在滁州称王发号施令的生活，这毕竟是他称王的初体验。在濠州时，郭子兴备受掣肘终日闷闷不乐，而来到滁州之后曾经的阴霾终于一扫而空。朱元璋很快便意识到了郭子兴贪图享乐的心理，为了不触怒他，朱元璋唯有瞅准时机从旁规劝道："滁山城也，舟楫不通、商贾不集、无形胜可据，不足居也。"[1]

朱元璋深明据守滁州早晚会弹尽粮绝的道理，一味龟缩此处无异于断送起义军的未来。为了维持日益庞大的部队并确保在部队内部的领导地位，必须给麾下将士提供充足的粮草。为此，他对南方的谷仓地带势在必得。仅此一点，朱元璋与郭子兴的差距便一目了然。郭子兴显然并不具备这种高瞻远瞩的目光，这便是偏安一隅的地主本性所带来的局限。明朝建国后，朱元璋追封郭子兴为滁阳王，并在滁州为之建庙祭祀。但这并非是为歌颂其功绩，而仅仅为报答昔日旧主的恩义。毕竟，郭子兴的器量不过如此。

---

[1]《明太祖实录》卷一。

五
剑指金陵

大宋国的兴衰

原本活跃于河南、安徽一带的东系红巾军，如燎原之火一般势不可当地向各地侵袭。他们所到之处当者披靡，前来投军的民众更是源源不断。革命的队伍虽然日益壮大，但是用以维系庞大部队、坚持革命的精神支柱早已不在其位。白莲教虽然高举拨乱反正的远大理想，但象征理想的韩山童却已被元军杀害，如今的红巾军恐怕稍有不慎便会沦为一支由暴徒集结而成的军队。因此，将众多参加起义的民众拧成一股绳，寻找新的精神象征迫在眉睫，刘福通等人拼了命一般搜寻着韩山童之子韩林儿的下落。

至正十五年（1355 年）二月，刘福通等人在江苏砀山寻得韩林儿。同年，韩林儿被迎至亳州（今安徽省境内），立为皇帝并建立了新政权，国号为"宋"，建元"龙凤"。政权建立后，打着复宋旗号的起义军自然要做些什么。不久，他们拆了鹿邑太清宫，用得来的建材建造了皇帝所居的宫殿，称韩林儿为"小明王"，尊其母杨氏为皇太后，以杜遵道、盛文郁为左右丞相，刘福通、罗文素为平章政事（相当于副宰相），刘六（刘福通之弟）为枢密院事（处理军事机要的部门）。

小明王的称谓究竟是源于摩尼教（明教）的"明"，还是佛教的"明王"，关于这件事史学界尚无定论。不过从韩林儿自称小明王这点来看，其父韩山童或许曾经自称明王也未可知吧。无论如何，刘福通等人通过竖起小明王韩林儿这面旗帜，成功将基于弥勒佛的宗教权威转变为世俗权威（皇权）。

宋政权虽然平安无事地建立了，但其组织架构却没能维系多久。最初，大宋国的实权被右宰相杜遵道握在手中，杜遵道曾做过元朝的枢密掾吏（下级官吏），是大宋国内部唯一的知识分子，大宋的机构制度极有可能出自他的手笔。因此，韩林儿对他极其倚重。长此以往，杜遵道渐渐专权无度。而一旁的刘福通对此嫉妒不已，他相机而动命令部下捕杀了杜遵道，然后自封为丞相。而原本就是傀儡皇帝的韩林儿，更是成了刘福通的提线木偶，自此所有政务均出自刘福通一人之手。大宋政权在成立之初，内部管理的混乱失序便暴露无遗。

至正十七年（1357年）六月，刘福通率领大军兵分三路开始北伐：关先生、破头潘等部挥军向山西、河北方面挺进；白不信、大刀敖、李喜喜等部攻向陕西；毛贵等部经由山东向北方进攻。元朝的守军孱弱不堪，三路义军势如破竹。值得一提的是，至正十八年五月刘福通亲率大军攻向汴梁（开封），守将竹贞落荒而逃。拿下汴梁后，刘福通深知这座北宋旧都的价值，他将韩林儿接到此地并将大宋国国都迁至汴梁。在他看来，为了树立起红巾军宋朝政权的权威，迁都汴梁是必经之路。正是这个时期，东系红巾军迎来了他们的黄金时代。

在此后的一段时间，起义军北伐的攻势仍然所向披靡：毛贵曾一度逼近元朝大都；而关先生等部在攻陷上都烧毁元廷宫殿后，转而攻向辽阳，此后便一路朝着高丽而去。由于北方的宫殿被付之一炬，后来顺帝终其一生再也不曾北巡。此外，李喜喜等部在围攻兴元、凤翔（今陕西省境内）之际为元军所败退守四川，但是部分残兵败将逃入甘肃宁夏等边境之地四处劫掠。

北伐起义军虽然席卷了大半个中国，但是他们却无法守住得来的大片土地。在行军过程中他们竟不设立军事据点，各部队之间的协作也近乎为零，因此占领的土地转瞬之间便被元军夺回。加之各路将领与刘福通原为同僚，对于坐大的刘福通，他们心怀不满阳奉阴违。虽然北伐起义军看似如日中天，但军队内部却做不到令行禁止。因此，为了维系这支桀骜不驯的部队，唯有不停为其指明攻击目标，带着他接连不断地攻城略地。这支缺乏纪律的部队给各地带来了深重的灾难，每到一处烧杀抢掠无恶不作，甚至于将老幼充作军粮的暴行也不吝为之。北伐起义军"广撒网"式的作战也是他们流寇天性的拿手好戏。

北伐军诸将中唯有毛贵一人建立了根据地。攻打大都失利后，他率部撤至山东济南，在当地建宾兴院以选任官吏，于莱州兴办屯田为起义军发展夯实基础。此外，他还实施了一系列计划性政策，如按收获的十分之二征收租税等。得益于他的管理有方，在退守山东的三年里，他辖下部队几乎完好无损，但这也是北伐诸将中罕见的例外。然而，待得元军重整旗鼓，在他们的反击面前大部分北伐起义军土崩瓦解四散而逃，这也令他们的流寇特质更为露骨。

至正十九年（1359 年），元将察罕帖木儿调集陕西、山东两地驻军将汴梁围了个水泄不通。大宋国的军队虽然频频出击，但屡遭败绩，无奈之下唯有拒守不出。百余日后，城内粮仓见底，山穷水尽的刘福通携韩林儿在百名骑兵护卫下突围而去，逃往安丰（今安徽省境内）。而留在汴梁城内的后宫嫔妃、玉玺、官印均被察罕帖木儿查抄。不承想，这副与史上那些传统王朝的结局简直如出一辙的光景竟于此地重现。

当时，与濠州义军分道扬镳的赵均用投奔山东毛贵，不久毛贵便为其所害，而赵均用又为部下所杀。如此这般，大宋国内部陷入自相残杀的境地，更有甚者直接倒戈投敌。转战各地的诸路人马中，因为大量的逃兵和阵亡，兵力遭到了极大的削弱。迁都开封不过短短数年，大宋国权威扫地，曾经的理想也黯然失色。

郭子兴之死

　　时间回到至正十五年（1355年），这一年刘福通在江苏砀山寻得韩林儿并立其为帝。同年年初，郭子兴的滁州军正因军粮短缺苦恼不已。为此，他决定采纳朱元璋的意见攻打和州。朱元璋协同郭子兴部队占领和州，并奉命驻守此地节制诸将。但是，进驻和州城后，旗下诸将便旁若无人地烧杀抢掠，掳人妻女。见此，朱元璋立刻唤来诸将，如此严令道："诸军自滁来，多房人妻女，使民夫妇离散。军无纪律，何以安众。凡军中所得妇女，当悉还之。"[1]朱元璋此举令和州民心稍定。

　　然而，郭子兴旗下诸将之中，很多人对朱元璋面从腹诽阳奉阴违。某日，朱元璋与诸将分工修复城池，结果唯有朱元璋如期完成，而其他各将均按兵不动。朱元璋遂拉下面来召集诸将，像帝王一般面南而坐，拿出郭子兴的檄文高声说道："总兵，主帅命也，非我擅专。且总兵大事，不可无约束。今览城皆不如约，事何由济。自今违令者，即以军法从事。"[2]

　　朱元璋疾言厉色的模样令诸将惊惧不已，自那以后，再无一将敢违令而行。

---

[1]《明太祖实录》卷二。

[2] 同上。

同年（1355 年）三月，曾与郭子兴针锋相对的孙德崖突然率众来到和州城下。原来濠州缺粮，无计可施之下，孙德崖唯有求助于朱元璋。有人将此事密告郭子兴，唯恐朱元璋有失的郭子兴急忙赶往和州。朱元璋虽然再三提醒郭子兴约束部队谨言慎行，但为时已晚，果不其然，郭孙两军发生摩擦，和州城陷入混乱，两军皆有损伤。

战斗中孙德崖为郭子兴所俘，而朱元璋同样被孙德崖部下所擒。郭子兴本想趁此机会一扫多年的积怨，但是为了交换回朱元璋，他唯有释放孙德崖。经此一事，郭子兴心中怨恨难消郁郁不平，没过多久便因病去世。朱元璋在和州为他举行葬礼后将遗体运回滁州下葬，一如前文所言，明朝建国后朱元璋追赠他为滁阳王并为其建庙祭祀。

郭子兴死后，和州义军群龙无首，当务之急便是决定今后的行动方针。虽然迄今为止，由于郭子兴在背后支持，朱元璋一直扮演着统率全军的角色。但如今，失去了郭子兴的起义军人心思变，稍有不慎便会陷入分崩离析的险境。

此时，望风而动走出第一步之人名为张天佑。张天佑乃郭子兴之妻弟，原为郭子兴帐下武将，颇有功绩。那时，大宋国正如日中天威震四方，想要乘上这辆马车的张天佑接受了韩林儿的招抚前往宋都亳州并带回了他的檄文，委任郭天叙为都元帅、张天佑为右副元帅、朱元璋为左副元帅。整件事情似乎出自郭张二人的合谋，而完全被蒙在鼓里的朱元璋心生芥蒂。

根据《明太祖实录》卷三所载，朱元璋曾对徐达等人说道："大丈夫宁能受制于人耶！"但是，那时的朱元璋集团羽翼未丰，同时小明王的威信也有利于扩大自军势力。于是朱元璋听从了徐达等人的建议，接受了左副元帅的任命。此后，朱元璋作为小明王韩林儿麾下之臣成为大宋国的诸路起义军之一。话虽如此，朱元璋却并没有接受归于韩林儿的直接统辖而是与大宋国分别行动互不干涉。于朱元璋而言，若小明王之威信能成为自己的保护伞而非枷锁那自是极好的。

恰巧此时，虹县人邓愈和怀远县（今安徽省境内）人常遇春听闻朱元璋的勇名后前来投奔。后来，二人立下赫赫战功，明朝建立后他们均位列开国功臣。值得一提的是，今后常遇春将成为朱元璋的左膀右臂，为其南征北战开疆拓土。常遇春此人臂力过人且拥有百步穿杨之能，原先在盗贼刘聚麾下干着打家劫舍的营生。传说某日，他正于田间假寐，睡梦之中，身着金甲的神人从天而降对着常遇春便是一顿连呼："起，起，主君来！"

常遇春从梦中惊醒，恰逢朱元璋率部通过。遇春立即跳起狂奔到朱元璋马下，恳请弃贼从良加入队伍。

面对突如其来的投效，朱元璋起先并未同意："尔饥故来归耳，且有故主在，吾安得夺之！"[1]

听着对方话中似有不允之意，常遇春便开始死乞白赖地哭诉：刘聚甘愿为寇胸无大志跟着他定然无所作为，并反复请求加入元璋帐下。话说到这个份上，朱元璋并未刻意刁难便收下了他，而后不久，常遇春也果真为他立下奇功。

---

[1]《明末纪事本末》卷一。

渡江

郭子兴死后，一个计划便在朱元璋脑中慢慢形成。那便是横渡长江，夺取元朝在江南的要地集庆（古称金陵，即是现在的南京），并建立根据地。三国时期，集庆是吴国都城，此后逐渐发展为江南的一大中心地带。南北朝时期，集庆又为南朝历代国都。隋代，随着大运河的开凿，集庆以东的扬州作为运河的发源之地风光一时无二，集庆虽退居二线，但仍是江南地区重要的政治文化中心。元朝时，政府将集庆作为统辖江南的据点并在此地设立江南行御史台，用以监察军民。由此可见，金陵在政治上和战略上的意义之重大，这一点在攻打定远之际，冯国用初入元璋帐下之时便再三强调。

但是，要取金陵必先横渡长江，而朱元璋手中并无可用之船。犯难之际，巢湖的盗贼廖永安等人找上门来提出合作的请求。

原来这群盗贼一直盘踞于和州以西的巢湖，以廖永安、廖永仲兄弟二人，俞廷玉及其子通海、通源等人为首领。他们率领万余人的水军囤聚巢湖结寨拒守劫掠过往船只。但是与巢湖毗邻的庐州，此地的盗贼首领左君弼控制了巢湖一带，对廖永安等人造成了不小的影响。深受其害的廖永安遂遣使抄近道联系朱元璋表示愿意助其渡江。得知此事的朱元璋欣喜若狂，当机立断："此天意也，机不可失！"[1]

---

[1]《明史纪事本末》卷一。

于是，朱元璋亲赴巢湖接收廖永安的船只，并于途中击退来犯元军后返回和州。

渡江在即，朱元璋就登陆之所问计于诸将。诸将均希望直扑集庆，而朱元璋却制止了焦躁的部下，并发表了不同意见："取集庆必从采石往，而采石为重镇，元军必然驻有重兵，但是牛渚矶前江水滔滔，敌军防守困难，我军若从该处登陆必能攻下此地，再一路往北夺了采石和太平路，集庆便近在眼前。"[1]听了朱元璋的分析，诸将均点头称善。

至正十五年（1355年）六月，朱元璋终于率领诸将开始渡江。井然有序的船队引帆乘风，不多久牛渚矶便近在眼前。战斗之初，朱元璋所在船只率先靠岸，但是元军已在岸边严阵以待导致登陆受阻。此刻，一人操着飞舸后发先至，及至岸边只见那人挺戈大喝，纵身一跃突入元军阵地，此人便是在和州加入帐下的常遇春。常遇春一跃之功，元军阵线出现缺口，其余诸将皆紧随其后奋勇杀敌，未几滩上元军覆没，其余沿着长江结寨据守的元军纷纷望风而降。

采石虽取，朱元璋的心中却仍不安稳。因为，帐下诸将及麾下士兵甫一上岸便迫不及待地四处劫掠。和州穷困，为了留守后方的亲属他们想带着尽可能多的战利品快速返回。见此，朱元璋便找来徐达商议："渡江幸捷，若舍而归，江东非吾有也。"徐达点头称是，朱元璋遂命令全军将舟缆一一切断，让舟楫随急流而下，然后环顾诸将说道："太平甚近，当与公等取之。"[2]

---

[1]《明史·太祖本纪》、夏燮《明通鉴》前编卷一。

[2]《明史·太祖本纪》。

他的话令将兵的士气再度高涨。众人坚信，在前方的太平，大富大贵正等着他们。为了朱元璋之言，他们齐声欢呼。

六月二日，朱元璋率部轻取太平，生擒驻守太平路的万户纳哈出，总管靳义兵败投水为元朝殉死。朱元璋感其忠义低声叹道："义士也，礼葬之。"遂令人为其收殓尸骸，小心下葬。实际上，此时的朱元璋便已清晰地表达了自己的立场——社会体制的捍卫者，厚葬靳义的举动便是朱元璋这一转变的体现之一。此外，对于破坏秩序之人，他不分敌我一律严惩不贷。

进驻太平城当日，他命李善长于城中各处张榜严禁剽掠，结果仍有一名士兵违反了军纪。在刚夺下采石之时，朱元璋便对麾下士兵的所作所为颇为头疼，此时正好杀一儆百，于是服罪的士兵立刻就被推到集市斩首示众。见此，朱元璋军中顿时鸦雀无声，从此以后再无士兵敢行劫掠之事。

朱元璋与其他的义军领袖迥然不同，他的军队严禁烧杀抢掠，这一点也令广大的地主及知识分子如释重负。因此，归附于朱元璋帐下的有识之士也日益增多。据说，当时朱元璋一入太平，当地著名儒者陶安和李习便领着一众父老乡亲前来迎接。那时，陶安对朱元璋说的一番话讲出了天下有识之士的心声：

> 今海内鼎沸，豪杰并争，然其意在子女玉帛，非有拨乱、救民、安天下心。明公渡江，神式不杀，人心悦服，应天顺人，以行吊伐，天下不难平也。

聆听陶安的一席话后，朱元璋的信念愈加坚定，同时他向陶安吐露心中所想："吾欲取金陵，何如？"陶安的回答与冯国用在定远时的回答如出一辙，"金陵，古帝王都。取而有之，抚形胜以临四方，何向不克？"[1]

下定决心夺取金陵的朱元璋深以为然，遂将陶安留在帐下，引为幕僚。

不久，朱元璋将太平路更名为太平府，自称大元帅，设太平兴国翼元帅府总领地方军政，任命李善长为帅府知事、潘庭坚为帅府教练、汪广洋为帅府令史、陶安为参幕府事，再任李习为太平府知府负责地方政务。此刻，大元帅朱元璋已经与被韩林儿任命为都元帅的郭天叙平起平坐，他的地位也水涨船高。眼看着朱元璋在军中坐大，原地踏步的郭天叙自然焦躁不已。

同年九月，在太平府富豪陈迪家中，朱元璋的长子（日后的皇太子朱标）出生。军务繁忙无暇顾及家庭的朱元璋终于迎来了首位令他翘首以盼的男丁。

---

[1]《明史·陶安传》。

攻占集庆

虽然占据太平，然太平四面皆敌，盘踞在周围的元军依旧虎视眈眈。元将蛮子海牙和阿鲁灰等在朱元璋离去后便率领船队夺回采石，而元朝的义兵元帅陈埜先与其部将康茂才率领数万敌军，水陆分道，直逼太平城。朱元璋亲自督兵守城，而命徐达、邓愈以奇兵迂回至陈埜先后方。两面夹击之下，陈埜先兵败为朱元璋所擒。见义军失利后，阿鲁灰鸣金收兵退至对岸的峡溪谷安营扎寨。

朱元璋对陈埜先的能力给予了高度肯定，考虑将其收归帐下。然而陈埜先却无归降之意，反而一直伺机而动意图再度倒戈元军。朱元璋见其生性谲诈，遂将其唤到跟前，谓之曰："人各有心，识见不同。从元，从我，任汝所适，不相强也。"言毕放其归去[1]。

陈埜先归来后收拢残兵于距集庆咫尺之地的板桥布阵，与集庆守将元朝江南御史大夫福寿形成掎角之势遥相呼应。而朱元璋则命徐达攻向溧水、溧阳、句容、芜湖，借机迂回从南侧对集庆形成包夹之势，同时防备来自集庆的反攻。

但是同年九月，意料之外的状况发生了：都元帅郭天叙和右副元帅张天佑绕过朱元璋率众径直对集庆展开强攻。对于他们来说，朱元璋原本只是昔日之部下，而如今这名部下在军中的影响力却与

---

[1] 《明太祖实录》卷三。

日俱增大有取而代之的势头，二人心意难平，因此想一鼓作气拿下集庆借此挽回颓势。但是在陈埜先与福寿的反击之下，二人双双战死。经此一事，朱元璋不费吹灰之力便收拢了郭天叙的残兵。

虽然此后韩林儿又任命郭天叙之弟郭天爵为中书右丞，但朱元璋依旧握有实权。不久，郭天爵也被朱元璋借口铲除。至此，郭子兴的后代中除了成为朱元璋侧室的一位女性尚存以外，其余均不在人世。换言之，郭子兴死后，朱元璋虽然手握实权，但名义上仍然是郭氏一系当家做主，而如今朱元璋终于成为起义军名副其实的统帅。郭氏军团烟消云散，朱氏军团取而代之，自此朱元璋迎来了他全权主导的时代。

至正十六年（1356年）二月，朱元璋派遣常遇春进攻采石。屯驻采石的元将蛮子海牙全军覆没，长江航运权也落入朱元璋之手，一度音讯不通的和州与太平之间才再度恢复往来。与此同时，盘踞高邮的张士诚派遣其弟张士德夺取平江（苏州），随后攻势如潮，连克湖州（今浙江省境内）、松江和常州（今江苏省境内）等城，将浙西各地收入囊中。因此，元军主力被张士诚吸引，用以抵御朱元璋的兵力大幅减少，值此良机，朱元璋当即率部对集庆展开总攻。

三月一日，朱元璋率大军由太平出发，水陆并进直扑集庆。途中，朱元璋击破陈埜先之子陈兆先，招抚三万六千名降卒，他从中挑选出五百名精壮士兵以为亲军。但是，这些降兵因为对朱元璋心存疑虑，军心难定。是夜，朱元璋令他们为自己守夜，屏退所有从者只留下冯国用一人，就这样在降兵亲卫的保护下脱去甲胄安然入睡。次晨，降兵们听说此事总算疑虑全消众将归心。

三月十日，围绕着集庆城的攻防战正式打响。朱元璋一方，冯国用一骑当先冲入敌阵，于钟山（位于南京郊外东北部）击破元军后直逼集庆城下。未几，其余诸军也陆续到达城下，士兵们架起云梯登上城墙，旌旗蔽空连绵不绝的大军转眼之间便如潮水一般涌入集庆。元将福寿虽有善战之名但也抵不住元璋军滔滔的攻势，最后力尽而亡。最终，蛮子海牙逃往张士诚的根据地，而康茂才率残部归降。这场战斗，双方皆效死力，仅仅一日便尘埃落定。

战斗平息，意气风发的朱元璋进入集庆。一入城他便立刻召集元朝官吏及百姓父老。面对胆战心惊的众人，朗声宣布：

> 元失其政，所在纷扰，兵戈并起，生民涂炭。汝等处危城之中，朝夕惴惴，不能自保。吾率众至此，为民除乱耳，汝宜各安职业，毋怀疑惧。贤人君子有能相从立功业者，吾礼用之。居官者，慎毋暴横，以殃吾民。旧政有不便者，吾为汝除之。[1]。

闻得此言，城中军民皆笑逐颜开，额手相庆。

攻下集庆后，朱元璋又得城中军民五十余万[2]，他从中收编部分民兵用以扩充军力，并将集庆路更名为"应天府"。儒者夏煜、孙炎、杨宪等十余人慕名而来，尽皆录用。此外，他命人厚葬了御史大夫福寿，以彰其为元徇死的忠义。这些命令均一丝不苟地执行下去。可见，朱元璋集团已经发展为一支令行禁止的军队。这并非一朝一夕之功，而是在朱元璋集团的南下过程中潜移默化形成的，同时这也意味着朱元璋的人格正渐渐成熟。而攻占集庆也是为了彻底完成这种人格蜕变的第一步。

---

[1]《明太祖实录》卷四。

[2] 凡得军民五十余万（《明太祖实录》卷四）。

六
攻略浙东

成为吴国公

虽然应天在握，但这并不意味着万事大吉，彼时的应天四面受敌，元军环伺，已成众矢之的。东侧，元将定定扼守镇江；南侧，八思尔不花驻守徽州（今安徽省），别不华和杨仲英屯兵宁国（今安徽省）；东北，元将张明鉴率青衣军坐镇扬州；东南外围，石抹宜孙守处州（今浙江省），其弟石抹厚孙守婺州（今浙江省金华市），宋伯颜不花守衢州（今浙江省衢州市）。再者，天完国徐寿辉不仅手握湖北、江西的两省之地，还占据了以池州为中心的安徽省南部；而张士诚则以平江为据点，在江苏东南扩大势力。

而以大都为中心的元朝主力正全力打压长江以北的大宋国，因此无暇他顾，于华中起义军而言，大宋国的存在不啻一道防波堤。宋元相持之际，徐寿辉和张士诚迅速拓展势力，而朱元璋也加入虎口夺食的行列。但是为了避免与东西方的徐寿辉和张士诚冲突，他唯有向南进军，将南方的元军定为下一个攻击目标。

占据应天后，朱元璋即刻以徐达为大将军，汤和为副将军，命其东取镇江。临行前，朱元璋告诫诸将曰："吾自起兵，未尝妄杀。今汝等将兵往，当体吾心，戒戢士卒，城下之日，毋焚掠，毋杀戮，有犯令者处以军法，纵之者罚无赦。"[1] 徐达诸将皆伏地顿首。

---

[1] 《明太祖实录》卷四。

三月十六日，徐达统兵对镇江展开攻击，二日克城，守将段武和定定战死。及入城，徐达军谨守朱元璋之命，军纪严明秋毫无犯，因此破城之日风平浪静。随后，徐达与汤和兵分两路，占领镇江以南的金坛、丹阳诸县（今江苏省）。

另一方面，三个月后，邓愈和邵成等率精锐压制广德（今安徽省）并将其更名为广兴府，由邓愈负责此地防务。年末，二人又克安康、武吉两地（今浙江省），进而坐望浙东。

各地捷报频传，应天的朱氏政权也在紧锣密鼓的筹建中。七月，朱元璋被诸将推为吴国公，随后他于应天设立江南行中书省，以元朝江南御史台旧址为省府，亲自总领省事。行中书省，是中央政府中书省的驻外机构，乃是元朝制度之一。此处特地设立行中书省，亦是在对外宣称奉大宋为中央政府。表面上吴国公之称也是小明王所授，因此朱元璋并未建元，而是沿用大宋国年号龙凤。

朱元璋就任后发布了一系列人事任命：首先，以李善长和宋思颜为参议，再任命李梦庚和陶安等人为郎中及员外郎；其次，设军事机构江南行枢密院，令徐达和汤和总揽军务；再次，以冯国用为帐前将军统领直属亲卫，设监察机构提刑按察司。至此，他终于成功建立地方政权，成为号令江南的一方领袖。

随着政权体系趋于完善，为使其正常运作，各司其职的官僚队伍是不可或缺的。为此，朱元璋对于知识分子的重视更胜从前。比如，在徐达攻伐镇江之前，朱元璋便千叮万嘱："尔往下镇江，有秦元之者，才学老成，入城当为吾询访其人，致吾欲见之意。"[1]

---

[1]《明太祖实录》卷十八。

秦从龙（字元之）为洛阳（今河南省）儒者，曾出仕元朝，官至江南行台侍御史（司监察），年老后因避元末战乱弃官隐居镇江。发现其人所在后，朱元璋欣喜若狂，立即派遣侄儿朱文正携白金文绮相邀，而他本人也亲自前往应天郊外的龙江倒屣相迎。而后，秦从龙虽然返回镇江，但每逢遇事不决，朱元璋便以漆简传书问策，二人的问答极为详密，连近臣也一无所知。此外，朱元璋对于秦从龙一直以"先生"相称，从未直呼其名。

能否令知识分子归心将左右政权的未来，对此朱元璋早已了然。同年九月，朱元璋赶赴镇江，上演了一出参拜孔庙的好戏。孔子为儒家之祖，而儒家思想又被封建统治者奉为正统。朱元璋希望以此来表明自己拥护体制的立场，从而获得广大知识分子的支持。同时，他派遣麾下儒士前往镇江周边的村庄，召集村民鼓励他们积极务农养蚕。这也是为了扭转民众对起义军的不良印象，朱氏政权旨在维护秩序而非打家劫舍。

取得应天后，得偿所愿的朱元璋本该踌躇满志，但他仍有一件心事未了：自十七岁痛失双亲，便无依无靠，因此他对自己的祖宗根源一直耿耿于怀。早在取得太平之后，他的脑中便时不时想起父亲朱五四的生前之言：朱家世代居于句容，那里名为朱家巷，朱家宗族之人皆聚居于此。[1]

渡江之后，对此念念不忘的朱元璋便要探访朱氏旧地与宗族兄弟见上一面。如今，应天已取，而句容与应天相去不过四十里

---

[1] 龙凤三年，率师渡江，驻兵太平，为念先君尝言世为朱巷人，宗族俱存（徐祯卿《剪胜野闻》）。

（1 里约 560 米）。于是，朱元璋立刻遣使去往句容相邀宗族之人前来帐下一叙。

句容的朱氏族人应元璋之邀，四十余名亲族赶赴应天。看着眼前人，朱元璋不禁热泪盈眶。是夜，他们欢聚一堂，觥筹交错，彻夜长谈。根据族人所言，朱氏的家谱只能追溯到五代前的高祖（祖父母的祖父母）朱仲八，更早的记录已经散失。朱仲八及其子朱百六、其孙朱四九葬在朱家巷，元璋的祖父朱初一之墓位于泗州，父亲朱五四是元璋在钟离亲手埋葬的。因此，朱元璋的祖先之墓共有三处。他为重逢而欣喜的同时，回忆着一路走来的坎坷潸然泪下。

朱氏族人在应天逗留了一阵，随后带着大量礼物心满意足地回到朱家巷。此后，史书上并没有留下他们再聚的记录。对朱元璋而言，能够认祖归宗便已心满意足，与宗亲的片刻相聚只是一种逃避现实的方式。

进军浙东

至正十七年（1357年）四月，朱元璋命徐达和常遇春攻伐宁国。因守将别不华和杨仲英龟缩城内避而不战，宁国久攻难克。其间，常遇春身中流矢，双方相持不下战况陷入胶着。于是，忧虑重重的朱元璋亲自率部来援，配备飞车（快速的战车）和坚固的竹矢来（弓矢防具）的大军以万钧之势攻向宁国，杨仲英等人无力抵挡，开城投降。此战，朱元璋得降卒十万、战马两千匹。

同年七月，邓愈和胡大海攻克绩溪（今安徽省）后，一鼓作气再下徽州。守将八思尔不花败逃、百户吴纳自尽，邓愈驻守此地。此时，听闻徽州战事告急的江浙参政杨完者领兵十万从杭州出发试图收复徽州。正在进攻婺源（今江西省）的胡大海得到急报立刻挥军折返与邓愈前后夹击，一番浴血总算守住徽州。

同年，坐镇扬州的青衣军统帅张明鉴每日杀人为食。朱元璋令缪大亨讨之，生擒张明鉴，得降卒数万战马两千匹。

至正十八年（1358年）二月，李文忠率精锐攻下青阳、石埭、太平、旌德四县后进入浙江，在昌化击破苗族、瑶族联军，得妇女若干辎重无数。士兵兴奋难耐，李文忠恐将士骄富遂命人将妇女杀尽并烧毁辎重，军中顿时肃然。

同年三月，将应天周边尽数收入囊中的朱元璋令诸将攻入浙东，兵锋直指浙东要地婺州。李文忠、邓愈、胡大海等人合兵一处先克建德（徽州东南方），随后李胡二将兵分两路，六月李文忠克浦江，十月胡大海克兰溪，两军对婺州形成包夹之势。

负责婺州防务的契丹族守将石抹厚孙固守死战，李文忠诸将久攻不下。朱元璋遂令徐达和李善长坐镇应天，自己与常遇春尽起十万大军前往支援。十二月，大军来到兰溪，朱元璋遣州儒者王宗显前往婺州查探敌情。后者探得城内诸将存在分歧，朱元璋大喜，遂与王显宗约定："我得婺，以尔为知府。"[1]

话说石抹厚孙之兄石抹宜孙坐镇于婺州以南的处州，听闻婺州遭围，他赶制战车百辆交与参谋胡深，遣其驰援婺州。消息传来，朱元璋谓诸将曰："婺倚石抹宜孙，故未肯即下。闻彼以车战来援，此岂知变者。松溪山多路狭，车不可行，以精兵遏之，其势即破。援兵破，则城中不劳而下矣。"[2]

后来，战事果不出所料，胡深军一败涂地，而婺州城孤立无援未几便开城投降。

十二月二十日，朱元璋进入婺州城，严令将士禁止掠夺，同时设立江南行中书省分省总领政务，再设金华翼元帅府执掌军务，并将婺州路更名为宁越府（后改为金华府），按照约定以王宗显为知府。此外，朱元璋还于中书分省内设宴款待许元、胡翰等十余名儒士，并安排他们每日两位轮流为自己讲课。再者，他还令王宗显开设郡学（地方学堂），任命宋濂及叶仪为五经师，负责教导生员。元末，因为连年的战乱，治学沦落为不急之务，大部分学堂荒废已久。朱元璋于金华设立郡学后，听着学堂传来的丝竹之声和朗诵之

[1]《明史·王宗显传》。
[2]《明太祖实录》卷六。

声，居民们不禁百感交集。

朱元璋在金华煞费苦心并非毫无缘由。前文曾有提及，南宋以来，金华便是儒学渊薮之地，又被称作"小邹鲁"，这里曾诞生过众多著名学者。所谓邹鲁自然是指孔孟故里。金华学派的思潮一直影响着浙东学派思潮，广义上来说，它也是浙东学派的重要分支。

元相脱脱积极推动汉化之际，在他背后出谋划策的正是金华学派，脱脱实施的诸多政策其实也反映了他们的思想。他希望借汉化政策令元朝向传统意义上的中华王朝靠拢以此来实现元帝国的复兴。因此，在得到顺帝的支持后脱脱开始励精图治，事实上元朝的局势也因此短暂好转。但是，随着脱脱的失势，元朝内部再无股肱之臣。于是，金华的学者们便暂时抽身而退，作壁上观。

因此，他们对于朱元璋在浙东之地的一举一动，采取了静观其变的谨慎态度。换言之，他们将根据朱元璋交出的"答卷"来决定是否出手相助，这反而说明他们对朱元璋的信赖不过尔尔。

当时，被誉为"浙东第一家"的郑氏聚居于金华府辖下浦江县。郑氏一族是江南一带首屈一指的名门，自南宋以来，他们便一直保持着累世同居、共食同财的传统。一族二百余人以族长为中心，践行儒家的"礼、义"。族内崇尚长幼有序，以族长为顶点下设各种职务，族人们各司其职，宛如府衙。在注重内部团结的同时，郑氏一族对乡村基层的社会也关怀备至，他们时常在乡间调停纠纷、救济贫民、修桥铺路。一般来说，国家将这样的门第誉为"义门"，并免除一族的徭役以示表彰。因为对于封建王朝来说，这也是一种理想的家族形态，郑氏自然也不例外，在宋元两代都受过当朝表彰。

值得一提的是，郑氏不仅代表了金华的思潮，同时也是当地的精神支柱。因此，元末脱脱当政时，元朝曾积极地笼络他们。郑氏的态度，一定程度上能左右众多的地主及知识分子，故而脱脱和顺帝的皇太子特意将自己的亲笔题字送与郑家。此外，很多郑氏族人在元朝为官，其中便有一位出任宣文阁（奎章阁）授经郎，还曾负责教导脱脱之子。但是，郑氏对于元朝的帮助仅限于脱脱当政的时期，待他失势后，大部分族人辞官回到浦江，与元朝划清界限。

取得婺州后，朱元璋的军团开始进军浙东，对于郑氏一族来说，这简直是危急存亡之秋。当时的郑氏族长郑铉听闻朱元璋麾下李文忠正奔袭浦江，于是决定率领族人前往毗邻的诸暨避难。在他们看来，朱元璋的部队不过一介贼军，继续待在浦江无异于坐以待毙。

另一方，在前往浦江之前李文忠便已久闻郑氏大名。宋濂在所作《元封从侍郎左司都事郑彦贞墓志铭》中回忆了李文忠初到郑宅的场景：

> 李曹公文忠统兵来，过叹曰："此义门也，今世罕见之。"躬为扃鐍[1]而去。事平，遣帐前先锋率民兵两千，护其家归浦江。[2]

对于浙东的知识分子来说，朱元璋集团能否取代元朝成为新的权威，这一点还是未知之数。但反观朱元璋集团，连身为武将的李文忠都知道遵循传统的儒教价值观行动，足见他们与其他的起义军有着天壤之别。朱元璋集团的高级将领也深知，为了今后的发展必须得到浙东知识分子的协助。问题在于如何向他们传达这一点，以及如何获得他们的帮助。实际上，占领金华后，朱元璋集团实施了诸多政策，他们借此向作壁上观的浙东知识分子明确地宣示了己方立场。

---

[1] 译者注：扃鐍（jiōng jué）指门闩门锁钥之类。

[2] 《宋文宪公全集·元封从侍郎左司都事郑彦贞墓志铭》。

浙东四先生

至正十九年（1359年），乐平（今江西省）许瑗求见了正于金华驻扎的朱元璋。至正年间的科举乡试中，许瑗曾两度夺魁，才华横溢。但在其后的会试中却总是名落孙山，因此他索性罢考，开始游历吴越、纵酒放歌，一抒心中惆怅。某日，他慕名前往朱元璋帐下，借着谒见将胸中沟壑一吐为快。

在《明史纪事本末》一书中这样记载二人的对话：

> 至是，谒上于宁越，曰："方今元祚垂尽，四方鼎沸。夫有雄略者乃可驭雄才，有奇识者乃能知奇士。阁下欲扫除僭乱，平定天下，非收揽英雄，难与成功。"太祖曰："今四方纷扰，民困涂炭，予用英雄，有如饥渴，方广揽群议，博收众策，共成康济之功。"瑗曰："如此，天下不难定也。"[1]

闻许瑗一席话，朱元璋遂心安，当即授其博士，留于帷幄。未几，又以其为知府，负责太平府这等股肱之郡。

此外，"浙东四先生"加盟朱氏政权对于朱元璋掌握浙东民心的意义尤为重大。至正十九年十二月，朱元璋听从胡大海的建议，将浙东四大名儒征聘至应天府，这四人分别是青田刘基、浦江宋濂、龙泉章溢、丽水叶琛。他们应邀于次年三月来到应天，四人一同谒

---

[1]《明史纪事本末》卷二。

见了朱元璋。朱元璋为四人备好坐席，喜不自胜地说道："我为天下屈四先生耳。"[1] 随后，五人一同讨论天下实势，畅谈古典经义，宾主尽欢。为了展示自己的礼贤下士，朱元璋还特地建造了礼贤馆供四人居住。

这四人中，又以刘基和宋濂的知名度最高。刘基，字伯温，自幼天资聪颖，通晓天文、善命理术数，是当代首屈一指的儒学大家。其为人耿直，每逢谈及天下国家便慷慨激昂，滔滔不绝。元末时，刘基以进士入仕途，从高安县（今江西省）县丞开始，辗转于多地为官，最后官至江浙儒学副提举。任职期间方国珍起兵作乱，刘基因反对招抚遭谪贬。对元朝心灰意冷后，他遂辞官回归故里。

宋濂，字景濂，金华学派的正统继承者，当世大儒。自少至老，日日手不释卷，于学无所不通，因文风淳厚被誉为"当今文章第一"。元末至正年间，元廷曾召其为翰林院编修，宋濂以父母年老为由，辞不应召，于故乡龙门山一心治学著书。此外他与义门郑氏也保持着相当亲密的关系，当时为了治学，他时常借阅郑氏的藏书，在故乡时，他还被聘为郑家子弟的老师。朱元璋攻陷金华时对郑氏一族礼遇有加，他看在眼中，于是应召成为郡学的五经师，并于次年应邀前往应天。

宋濂较刘基年长一岁，大明帝国的建立，这二人功不可没，但是他们似乎并无私交。虽然二人长年追随朱元璋左右，但史料中并未留下有关他们私交的记录，大概是因为两者的性格截然不同的缘故吧。四先生来到应天时，朱元璋曾就这四人之才询问于陶安，对

---

[1] 无名氏《国初礼贤录》。

方答曰："臣谋略不如基，学问不如濂，治民之才不如溢、琛。"[1]

诚如陶安所言，刘基虽为学者但能谋善断、运筹帷幄，后世盛赞其为"当世孔明"。在朱元璋集团对外扩张的过程中，刘基的作用绝对是无可替代的。另外，宋濂则是纯粹的学者型人才，他想要将理想付诸制度，并将其引为毕生之追求，明朝的律法及各项制度大部分出自宋濂的手笔。刘宋二人是截然相反的两类人才，后来宋濂被任命为江南儒学提举并负责教导朱元璋的长子朱标，而刘基则被朱元璋留在帐下参与军机大事。此外，章叶二人也没有辜负朱元璋的厚望，他们辖下之地政简刑清，民安盗息。四先生的加盟，不仅有效推动了元璋在金华推行的诸般政策，同时对今后浙东知识分子的动向也产生了深远的影响。

---

[1] 《明史·陶安传》。

压制浙东

接下来回到正题。从应天出发前往金华途中，朱元璋召见了徽州儒士唐仲实。《明太祖实录》卷六中记载了二人关于时势的一番问答：

朱元璋问曰："尔能博通今古，必谙成败之迹，若汉高祖，光武，唐太宗，宋太祖，元世祖，此数君者，平一天下，其道何如？"

仲实对曰："此数君者皆以不嗜杀人，故能定天下于一。主公英明神武，兼数君之长驱除祸乱，未尝妄杀，出民膏火，措之于衽席之上。开创之功超于前代，然以今日观之，民虽得所归，而未遂生息。"

朱元璋颔首："此言是也，我积少而费多，取给于民甚非得已，然皆为军需，所用未尝以一毫奉已，民之劳苦恒思，所以休息之曷尝忘也。"[1]

一路走来，朱元璋以"不杀"得民心，以铁律从严治军。这也证明了朱元璋的军队与其他以劫掠为生的起义军不同，以维护秩序为己任。但是，这么做还远远不够，还需要在此基础上更进一步保障民众的生活，即所谓的"养民"。对此，朱元璋虽以"甚非得已"来辩解，但他想必也明白，为令政权的屹立不倒，"养民"之策是

---

[1] 《明太祖实录》卷六。

不可或缺的。

同时，在徽州附近的休宁发现，曾经出仕元朝任翰林学士的朱升隐居于此。朱元璋立即前往拜访并征询了对方的意见，朱升的回答简明而扼要。

高筑墙、广积粮、缓称王。[1]

用现在的话来说就是：首先，暗暗积蓄实力，稳固大后方；其次，为了维系政权必须建立有效的粮食供应制度；最后，他告诫朱元璋不可急于称王。反之，只要军强民富，称王的时机自然不远。一席话令朱元璋振聋发聩，他再次认识到"养民"的重要性。

攻占金华后，诸将正准备压制浙东其他地区，此时朱元璋召集诸将如此严令："仁义足以得天下，而威武不足以服人心。夫克城虽以武而安民必以仁。吾师比入建康，秋毫无犯，故一举而遂定。今新克婺城，民始获苏政，当抚恤使民乐于归附，则彼未下郡县亦必闻风而归。吾每闻诸将下一城得一郡不妄杀人，辄喜不自胜。盖师旅之行，势如烈火，火烈则人必避之，故鸟不萃鹰鹯之林，兽不入网罗之野，民必归于宽厚之政。为将者能以不杀为心，非惟国家所利，在己亦蒙其福，为之子孙者亦必昌盛。尔等从吾言，则事不难就，大功可成矣。"[2]

同年九月，常遇春进兵攻向金华以南的衢州，以奇谋克城，生擒守将宋伯颜不花。十一月，胡大海与耿再城一同进攻处州，守将石抹宜孙弃城而逃，附属七县闻风归降。随后败逃的石抹宜孙虽然

---

[1] 《明史·朱升传》。
[2] 《明太祖实录》卷七。

重整旗鼓再度攻来，但为耿再城所败战死沙场。在此之前，朱元璋遣使招降方国珍，至正十九年（1359年）三月，方国珍献上庆元（今浙江省宁波）、温州、台州三地（今浙江省）以示臣服。方国珍将朱元璋和元朝放在天平之上，为了活下去，两相权衡下他决定向近在咫尺的朱元璋妥协。

随着朱元璋的领土日益扩大，他的声望也水涨船高，然而要如何守住所占的土地呢？对此他仍束手无策。诚然，他已委任儒士为地方官以总理政务，但是维持日益庞大的军队及政权所必需的财政基础仍然脆弱不堪。朱元璋集团利用"寨粮"法来筹措军粮，即是强迫地主和富户提供粮草，这种方法对于领内的民众来说确实不会造成太大负担。

至正二十年（1360年）五月，应胡大海之请朱元璋废除"寨粮"，为了令朱元璋集团鲤跃龙门，这一步也是必经之路。在占据大半浙东之地后，朱元璋终于着手将养民之策付诸实施，并为此做好了万全的准备。

早在至正十八年（1358年），朱元璋便已任命康茂才（曾经降元的义军元帅）为营田司都水营田使负责监修水利，康茂才巡查了应天周边的田土并进行了一番改造。改造后，高地不会干旱，低洼不惧水淹，此后农业生产效率迅速提升。朱元璋甚喜，又命"四先生"章溢、叶琛为营田司金事，监修江北及长江南岸的水利并订立税法。自此，临时性的征发越来越少，民众的生活自然渐渐富足。

此外，军粮筹措方面，朱元璋也如历代王朝一般开展屯田。所谓屯田即是令各地将士身兼作战与耕种，从而自给自足以此来减轻民众负担。至正十八年十一月，朱元璋设管领民兵万户府，挑选当地壮丁加入军户，令他们在农忙时耕种，农闲时参加军事训练。这便是所谓的兵农合一制，此举一下子弥补了军事和财政的缺陷。

为了废除寨粮，除上述铺垫之外，朱元璋还实施了一系列经济政策。随着辖下各地已经陆续从混乱中恢复，商人再度活跃起来。于是，朱元璋开始向他们征税，至正二十年（1360年）十一月，他首先规定了酒醋的税率，对从事酿造和贩卖酒醋的商人收取相应的税额。翌年二月，设立盐法局，规定盐商必须缴纳盐价二十分之一的税金。此外，对茶商按照每一百斤两百文来收取税金。再者，为了令商业发展及税收能够顺利进行，他还设立了宝源局负责铜钱的铸造。朱元璋政权首次发行的铜币被命名为大中通宝，与历代的铜钱一起流通于辖下各地。以上政策均是由加盟朱元璋政权的知识分子们一手制定的。

朱氏政权的骨肉迅速丰满，制度越来越完备的同时，他的领土也逐年扩大，随之而来的新问题自然也开始浮出水面。在西侧天完国和东侧张士诚之间夹缝求生的朱元璋不断向东南扩张，随着领土的扩大他不得不面对来自东西两路的威胁，朱元璋投身起义军以来最大的危机即将来临。

七
吴王之路

群雄割据

在元将察罕帖木儿手下屡战屡败的东系红巾军日薄西山，而西系红巾军建立的天完国，其内部正四分五裂。徐寿辉于至正十一年（1351年），自立为帝成立天完国，其大权却旁落于丞相倪文俊之手。至正十六年（1356年），倪文俊独断专行将国都迁都汉阳，并假意在此地迎接徐寿辉，实则意图弑君。计划失败后，倪文俊逃往黄州，至正十七年（1357年）被当地的部下陈友谅所杀。

陈友谅，湖北沔阳人，原为当地渔民之子，少时读书，略通文义，曾当过县中小吏，素有大志。听闻徐寿辉起义时便弃官投军，初时于倪文俊帐下担任簿书掾（相当于秘书），后屡立战功成为一军之将。伺机杀害倪文俊后，陈友谅吞并了他的势力并于次年出兵福建为天完国夺取了大片领土。此后，在各地连战连捷的陈友谅日益骄纵，不久便以汉王自称。至正二十年（1360年）闰五月，陈友谅命部下暗杀徐寿辉，于江州（今江西省）称帝，国号为"汉"。

与此同时，徐寿辉麾下武将明玉珍正身在巴蜀，接到徐寿辉死讯，他与陈友谅决裂，于重庆自立为陇蜀王。至正二十二年（1362年）春，明玉珍称帝，并于巴蜀建国，建元"天统"。他沿用周制设六卿[1]，以元朝进士刘桢为宗伯（相当于宰相）。

---

[1] 译者注：六卿分别为冢宰、司徒、宗伯、司马、司寇、司空。

元末起义军领袖多为贫农，明玉珍虽也是农民出身，但不同的是他家境殷实，原是地方耆老负责保护村庄，这也令他产生一种拥护体制的思想。为此他好学向善、礼贤下士，称帝后，他不仅设立国子监（国立大学）和提举司教授所（地方学堂），重新开科取士，还废除苛政，十一而税。得益于刘桢的建言献策，他的大夏政权也渐渐向传统王朝靠拢。

但是另一方面，他又命人在各地的寺庙祭祀弥勒佛，借此来保留起义军的宗教主义色彩。明玉珍想要将传统的儒家价值观和弥勒佛的教义融合，从而建立起理想的宗教王国。但是，他麾下精锐不过一万，仅能据守川蜀，要实现理想谈何容易，与陈友谅的势力相比更是远远不如。

在天完国分裂为大汉国和大夏国之际，南方长江下游的某个势力正悄然崛起。至正十三年（1353 年），贩卖私盐的张士诚在高邮建立大周国。他一边与元朝若即若离，一边将江苏南部收入囊中后，以平江（今江苏省苏州市）为根据地不断积蓄实力。

至正二十三年（1363 年）九月，张士诚建宫殿、立官制，以吴王自称。他的吴国盘踞在长江三角洲的粮食主产区，国家富庶，国内洋溢着自由放任之风。因此不仅贫农，连地主富商都纷纷慕名而来。而张士诚对于选贤任能也非常热心，优待知识分子，不吝惜府邸和钱财。因此，平江也是元末的文化中心之一。

总而言之，大约在至正二十年，红巾军日薄西山，取而代之的群雄割据四方，拥兵自守。其中，实力雄厚者当属江州陈友谅和平江张士诚，这二人均是角逐天下的有力竞争者，此后他们将与朱元璋浴血鏖战，不死不休。值得庆幸的是，这二人的性格截然相反，为朱元璋出谋划策的刘基曾如此评价二人："士诚自守虏，不足虑。

友谅劫主胁下，名号不正，地据上流，其心无日忘我，宜先图之。陈氏灭，张氏势孤，一举可定。然后北向中原，王业可成也。"

实际上，朱元璋此后的战略也正是按照刘基之言步步推进的。

陈友谅攻应天

弑君前数日，陈友谅挟徐寿辉率舰队沿长江顺流而下进犯朱元璋领内的太平。太平守将花云率三千军士迎敌，相持三日后太平城陷，花云走投无路，被汉军所缚。然而，花云宁死不降，破口大骂："贼奴！尔缚吾，吾主必灭尔，斩为脍也。"骂声方歇，他奋身而起，缚绳尽裂，夺守者刀，连杀五六人，再度大骂："贼非吾主敌也。曷不速降。"汉军士兵大怒，将其缚于舟樯，乱箭射杀，花云身中数箭，仍然横眉冷对，至死骂声不绝。就这样，刀枪箭雨为花云奏响了一曲绝壮末路悲歌。

攻陷太平后，陈友谅进驻采石，在他看来，应天唾手可得。于是，成竹在胸的陈友谅终于决定独立，他密令部下以铁器击碎徐寿辉的头部。数日后，陈友谅以采石五通庙为行殿，改国号为汉，建元大义。急不可耐的他并没有选择返回江州，而是在采石河畔即位称帝。此时，忽然之间风云变色，暴风骤雨从天而降。正排着队准备恭贺新帝的群臣皆被打湿衣冠，以至于无法举行祝贺的仪式，这异象似乎也暗示了大汉国的前途暗淡。

回到江州后，陈友谅给张士诚去信提出从东西两侧共同夹击朱元璋的计划，但是张士诚始终瞻前顾后、犹豫不决。急不可耐的陈友谅便决定单独对应天发起攻击，于是他带上舰队，再次从江州起航。

汉军再度来袭的消息令朱氏政权心惊不已。关于应对之法诸将莫衷一是，有的将领主张乞降，有的将领则建议拒守应天以北的钟山。在会议中，朱元璋留意到刘基在一旁怒目不言。会后，他招刘基入内，刘基方才高声陈述道："主降及奔者，可斩也。"朱元璋虚心问计："先生计安出？"刘基道："贼骄矣，待其深入，伏兵邀取之，易耳。天道后举者胜，取威制敌以成王业，在此举矣。"[1]

　　朱元璋采用了刘基的计策。

　　首先，朱元璋令胡大海统兵攻信州（今江西省），从背后牵制陈友谅。其次，他再令麾下的康茂才以陈友谅故知的身份去信诱导其立刻攻击应天。若是战斗相持不下，不排除陈友谅与张士诚携手的可能性。正是因为担心这一点，朱元璋决定速战速决。

　　康茂才立即派遣了曾经在陈友谅帐下当差的守卫前去送信，信中表明，若陈友谅进攻应天，那康茂才愿为内应，并向对方透露自己镇守江东桥。收到信的陈友谅信以为真，回信告诉康茂才，若自己到江东桥后便高呼"老康"为号，双方里应外合。使者归来后将陈友谅的布置一一道来，朱元璋听罢拊掌大笑道："虏落吾彀中矣。"[2]

　　至正二十年（1360年）闰五月一日，从太平出发的陈友谅到达应天，行军至江东桥后他依约发出暗号，但是连呼数声却得不到回应。陈友谅意识到中计，但为时已晚，朱元璋率军水陆并进发起猛攻，汉军人心浮动，死伤无数，部队几近溃散。此战，被俘虏的

---

[1]《明史·刘基传》。

[2]《明太祖实录》卷八。

士兵多达七千人，此外还缴获巨舰百余艘、战舰数百艘，失去旗舰的陈友谅用快艇夺路而逃总算突出重围。随后，朱元璋乘胜追击夺回太平，并一鼓作气攻下安庆（今安徽省）、信州、梁浮、袁州（今江西省）等地。应天之战以朱元璋一方的大获全胜告终。

至正二十一年（1361 年），陈友谅虽夺回安庆，但朱元璋亲率大军奔袭安庆，后长驱直入进攻江州，陈友谅战败，携妻儿逃向内陆的武昌（今湖北省）。夺回安庆后，朱氏军团连克饶州、建昌、龙兴等地（今江西省），一举拿下江西及湖北的战略要地。此时，陈友谅的大汉国领土已不复鼎盛时期的一半，与此相反，朱元璋的势力则急速膨胀。

内乱

应天一战，朱元璋军的风头一时无二，但称霸之路并不总是一帆风顺。至正二十二年（1362 年）二月，浙东要地金华发生内乱，引起内乱的苗族军队原本隶属于元将杨完者麾下，曾一度肆虐江南。杨完者死后，这支部队大部分被朱氏军团收编，朱氏军团进攻金华时，苗族军队也颇有功绩。然而也正是这支军队在朱元璋的腹地露出獠牙，据说是因为对朱氏军团严厉的军规有所不满。后来，李文忠率军平乱，受到追击的苗军便掳掠城中妇女投向了张士诚。

四日后，在金华以南的处州，苗军哗变，与金华遥相呼应。他们杀害院判耿再成、中书分省都事孙炎、知府王道同，据守城内。金华和处州的形势同时也影响了周边诸县，衢州形势颇为动荡，城内苗军似乎也出现反叛的苗头。此时，刘基恰好为亡母服丧而归乡，他立即令诸县加强戒备，等待与援军汇合再一举平叛。得益于刘基的指挥得当，加之耿再成之子耿天璧及平章绍荣的奋勇作战，处州之乱平定，这场叛乱持续了两个月之久。

可见，在朱元璋领内也并非万众归心。生在乱世，任何的疏忽都有可能万劫不复。苗军叛乱后，朱元璋深刻地体会到御下的重要性。但是，这场叛乱尚属降兵反叛，在战乱之时并不少见。然而，对于一路顺风顺水的朱元璋来说，不久之后发生的亲信背叛却令他备受打击。

至正二十二年七月，因镇压苗军有功的邵荣和参政赵继祖因涉嫌谋反被擒拿。这二人均是朱元璋的同乡，特别是邵荣因屡立战功官至中书平章政事。但是，平定处州之乱后，邵荣自持功大日益骄纵，对朱元璋的方针颇有怨言。因为害怕自己的言行传到朱元璋耳中，邵荣遂与赵继祖决定合谋暗害主君，不料计划败露，二人一并被带到朱元璋面前。

看着面前二人，朱元璋不禁发问："我与尔等同起濠梁，望事业成共享富贵，为一代之君臣。尔如何要谋背我？"

邵荣含泪答曰："我等周年出外取讨城池，多受劳苦，不能在家与妻子相守同乐，所以举此谋。"[1]

说罢，他泪如雨下，朱元璋亦是情不自禁地掩面而泣，回忆起叛将过往之功绩，他始终犹豫不决。此时，常遇春站出来反驳道："荣等凶悖，一旦忘恩义，谋为乱逆，不利于主公，将害及我等，纵主公不忍杀之，我等义不与之俱生。"[2]

斩钉截铁的一番话，令朱元璋明白自己其实别无选择。无奈之下，他与二人共饮最后一杯以示诀别，随后便将二人处死。

邵荣等人的反叛带给朱元璋的冲击无疑是巨大的，与苗军叛乱不同，这是朱元璋起兵以来首次被部下背叛。或许是因为此事的影响，朱元璋对部下的猜忌之心渐生。大约也是在那时，他对于各地守将的戒备与监视都明显有所加强。

朱元璋的膝下除亲子之外，还有众多养子。他将在战乱失去亲

---

[1] 刘辰《国初事迹》。

[2] 《明太祖实录》卷二。

人的孤儿收养，并视如己出地抚育。据传，朱元璋约有二十名义子，他将长大成人的义子们派往各地，或镇守一方或监视当地守将。比如，他将在滁州收养的沐英派往镇江，将何文辉任命为宁国守将。他们可以说是朱元璋最信赖的部下，此后他们也将为大明帝国立下赫赫战功。曾经孑然一身的朱元璋希望通过这种义父子的关系来加强对部下的掌控，同时也有助于保卫领土，随着对部下的猜忌之心渐起，这项措施的作用更加凸显。

自从遭遇背叛以来，朱氏军团的对内统治较从前更为严格。军内绝不容许有丝毫差错，违反禁令便意味着死亡，这一点连朱元璋的亲属也不例外。朱元璋因谢再兴的部下贩卖违禁品而问责于他，而谢再兴又是侄儿朱文正的岳父。后来他也与邵荣一样对朱氏政权的严苛忍无可忍，因此倒戈张士诚。

朱元璋政权一方面提倡"不杀"和"养民"以此来博得民心；另一方面对内则以严苛的军法统御诸将，他本人坚信唯有这条路才能在乱世求存。

营救小明王

　　谢再兴投靠张士诚的数月之前，时为至正二十三年（1363 年）二月，张士诚麾下吕珍急袭大宋国。上文曾提到过，宋政权迁都开封达到鼎盛，但为元将察罕帖木儿所败退守安丰，从此东系红巾军开始日趋衰落。见有机可乘，张士诚决定染指江北，于是遣其弟张士德率大军进犯。宋军在先锋吕珍的攻击下一触即溃，宰相刘福通决定龟缩安丰不出。但是吕珍此行有备而来，兵强马壮粮草充足，数日之后安丰城内弹尽粮绝，无计可施的刘福通唯有遣人向朱元璋求援。

　　朱元璋认为："安丰破，则士诚益张，不可不救也。"[1] 因此，立即点齐兵马准备前往。此时，参谋刘基站出来力谏元璋不可妄动。史书上记载了刘基反对的两个理由：其一，"汉吴伺隙，未可动也。"[2] 其二，"不宜轻出，假使救出来，当发付何处？"[3]

　　但是朱元璋并未听取刘基的谏言，亲率徐达和常遇春驰援安丰。等他们到达城下时，安丰已破，刘福通被杀，朱元璋率军击败吕珍成功救出小明王。在他的护送下，小明王来到应天。

---

[1] 夏燮《明通鉴》前编卷二。

[2] 同上。

[3] 刘辰《国初事迹》。

此次救援行动是朱元璋深思熟虑的结果，若是安丰城破，只会助长张士诚的气焰，同时令他与北方元朝之间的防波堤毁于一旦。从战略的角度来看，对大宋国见死不救绝非良策。但是驱使朱元璋行动的理由不止于此，他还希望利用小明王的宗教权威，借此将那些对现状不满的人民集结于革命的大旗之下。因此，小明王的意义不言而喻，即便逢场作戏，也必须将其安置妥当。

当初，朱元璋对于向小明王称臣一事尚且百般犹豫，而此后却一直事小明王如主。占领应天后，在此地设置的政府机构都被冠以"行"，这也是在表明此地的机构不过是大宋国中央政府的外驻机构。此外，进军金华时，朱元璋一方面大力推行传统的儒家政策，另一方面又在中书分省的府衙前立下两面大旗，上书："山河奄有中华地，日月重开大宋天。"[1] 其中所谓的"重开大宋天"指的便是光复宋帝国，此举无疑是在向外界宣扬自己乃是大宋小明王之臣。

正因为朱元璋有如此深意，揣摩上意的诸将中，有人甚至提出韩林儿到达后在中书省中为其设帝王御座，并拥戴小明王为帝。朱元璋也表示首肯，但刘基力谏不可。

刘基怒斥这种荒唐之举："彼牧竖尔，奉之何为！"[2] 随后他恳切地向朱元璋分析时势，陈述天命所在。他认为，大宋国已是风中残烛，小明王不过徒有帝王的虚名，朱元璋自身方是天命所归。一席话令朱元璋醍醐灌顶，遂放弃了拥立小明王为帝的打算，并将其移居滁州，以此来延续徒有其形的大宋国。

---

[1] 钱益谦《国初群雄事略》。

[2] 刘基《诚意伯文集·诚意伯刘公基行状》。

鄱阳湖水战

果然被刘基料中，在朱元璋前往安丰的途中，陈友谅携新造的数百艘巨舰载着六十万大军、文武百官及一族亲眷对南昌（今江西省）发起了总攻。汉军所搭乘的战舰上中下三层，甚至连战马居住的马棚都没落下，船体则被铁甲包裹气势逼人。

当时的南昌守将是朱元璋的侄子朱文正及邓愈，他们以少量的兵力严防死守，激战三个月，双方死伤无数，但南昌城依旧如故。此时，回到应天的朱元璋率援军赶来，陈友谅便弃南昌向东来到鄱阳湖严阵以待。朱元璋与陈友谅的生死之战将在此地拉开帷幕，这便是名传后世的鄱阳湖水战。

大战持续了三日。起初，汉军凭借着坚船利炮占据着优势，朱元璋一方胜算渺茫。为了反败为胜，朱元璋走出一着妙棋：他找来附近的渔船，于船中装满枯草，再于草中藏满火药，然后静待时机。

不久，东北方风起，朱元璋命人将船点燃从风口处向汉军发起突袭，一时之间火光冲天，湖面上瞬间成为一片火海。汉军的巨舰陆续被点燃，火势迅速转移，无数士兵葬身火海，连陈友谅之弟陈友仁、陈友贵也在混乱之中身首异处。此战，朱元璋一方采用的小船轻便灵活，进退自如；而汉军的船只多为巨舰故操纵不易，行动困难。因此后世认为汉军败北的根源大概在此，陈友谅举全国之力建造的巨舰反而成了他败亡的主因。

朱元璋的火攻之计奏效，以此为契机，双方攻守互换。次日的决战中，陈友谅大败，收拢残兵后他准备从鄱阳湖突围，但是朱元璋料敌先机早已压制湖口，重重布防。陈友谅进退维谷，两军对峙数日后，汉军粮尽，他对于诸将的掌控也大不如前，将士们纷纷倒戈。对陈友谅来说，继续进行持久战无异于自寻死路，因此下定决心的他决定从湖口突围，朱陈两军再次展开激战。

穷途末路的汉军背水一战，悍不畏死。战斗从辰时（上午八点左右）开始，直至日落，双方仍未分出胜负，战况之激烈似乎要持续到明日。但是，落幕之时似乎比预想来得更早：战斗中，陈友谅从旗舰中探出头来正要指挥，一支流矢突然将他的头颅贯穿，一代枭雄就此殒命。得知敌军首脑阵亡，元璋军士气大振，而汉军则分崩离析。皇太子陈善儿被俘，而太尉张定边携陈友谅次子和其尸首乘着小舟在夜色掩护下逃往武昌。

过去，陈友谅欲投奔徐寿辉时曾一度为其父陈普才所阻，当时的陈友谅固执己见并未听从老父的规劝。等到出人头地后，陈友谅再去迎接陈普才时，老父又道："汝违吾命，吾不知死所矣。"却没想到此言竟一语成谶。

从卑微的渔民之子到称王称帝，生于乱世的陈友谅确实称得上是英雄人物。但是，从发迹到崛起，乃至最后称帝，他的背后却充满了背叛与杀戮。从这一点看来，陈友谅与跟他分道扬镳退守四川的明玉珍恰恰是完全相反的两类人。明玉珍于至正二十六年（1366年）病逝，此时他的雄图尚未完成，而他的夏国也未能实现儒家思想与弥勒教义的和睦共存。但是，他所施行的善政却备受赞誉，当地的民众对于这位帝王的缅怀之情更是绵延不绝。

相比之下，陈友谅的施政几乎毫无可取之处，以至于后世甚至不清楚他是否继承了徐寿辉的遗志以建立一个宗教王国为己任。恐怕他对这些东西丝毫不感兴趣，他的脑中大概只有统治天下的野心，对于未来却丝毫没有规划。他所做之事便是积蓄实力不断攀登，最终他确实登上了皇位。而从这一连串行动的背后，我们不难看出，陈友谅对于武力的绝对信仰。他一直深信，拳头硬就能一统天下，对于武力的执念令他败北，身后唯有黄土一抔。至少，与一直被民众传颂的明玉珍相比，陈友谅不过是霸业路上的独行者罢了。

即位吴王

至正二十四年（1364年）正月，朱元璋自立为吴王。随后他开始着手完善官僚机构：曾经的行中书省正式更名为中书省，徐达和李善长分别就任左、右相国，常遇春和俞通海为平章政事，汪广洋为右司郎中，张旭成为左司都事，朱元璋长子朱标被定为世子。彼时，朱元璋三十有七，投身起义军十二年后，属于朱元璋的国度终于诞生了。

吴国的成立同时也意味着朱元璋从小明王麾下独立，不过直到那时，他仍刻意保持着与小明王的关系。因为，只要韩林儿仍是名义上的皇帝，他的宗教权威在农民之间的影响力便依旧不可小视。因此对他而言，小明王目前仍有利用价值，自称吴王的朱元璋仍沿用了大宋的年号龙凤，以"皇帝圣旨，吴王令旨"的名义发号施令。

但是朱元璋自身的立场却发生了天翻地覆的转变，贫农出身的朱元璋如今已为吴国之王，与郭子兴时代的一介武将自然不可同日而语。但是，帐下诸将多为朱元璋的同乡，他们虽然拥戴朱元璋为吴王，但平时的做派却一如从前，就像对待关系亲密的同辈一般。据说，邵荣背叛朱元璋，也是因为他对朱元璋集权心怀不满，同乡队伍的凝聚力虽然强大，但也有着这样致命的缺陷。

但是今时不同往日，既已建国称王，那么君臣之分便须烙印于每个臣子的心中。更名中书省两日后，朱元璋召集徐达等众臣，如是训诫道："礼法，国之纪纲。礼法立则人志定，上下安，建国之初，此为先务。吾昔起兵濠梁，见当时主将皆无礼法，恣情任私，纵为暴乱，不知驭下之道，是以卒至于亡。今吾所任将帅，皆昔时同功一体之人，自其归心于我，即与之定名分，明号令，故诸将皆听命，无敢有异者，尔等为吾辅相，当守此道，无谨于始而忽于终也！"[1]

所谓君君臣臣，君臣之纲为三纲之首，明确君臣有别是维系吴国政权的关键。所以，既然建国称王，那么仅靠同乡意识是无法治理国家的。礼法是一国之大纲，而君王便是礼法的统治者，即便是以同乡意识为基础，也必须尽快制定礼法并明确君王的地位。为此，朱元璋首先向曾经的战友们强调君臣秩序的重要性。如此看来，在麾下知识分子的影响下，朱元璋正渐渐蜕变为推崇儒术的君主，而上述事件便是这种蜕变的佐证。

---

[1]《明太祖实录》卷十四。

八
最后的决战

朱吴国和张吴国

成为吴王后，至正二十四年（1364 年），朱元璋御驾亲征，前往讨伐亡命武昌的大汉国陈理。在元璋军的猛烈攻势下，负隅顽抗的陈理明白大势已去，遂按照古礼，衔璧肉袒于军门乞降。望着伏跪在面前战栗不已的陈理，朱元璋震惊于他的年幼，回过神来，他挽起陈理说道："吾不尔罪，勿惧也！"[1]

对陈汉的征伐告一段落，朱元璋令陈理自取汉国财宝，随后带着他班师凯旋。回到应天后，陈理被封为归德侯受到优待，陈友谅称帝之后不过四年，大汉国便烟消云散。

如今，朱元璋的大敌只剩下张士诚一人。如前所述，张士诚盘踞于应天以南的平江（后文称苏州）于至正二十三年（1363 年）九月自称吴王，而三个月后朱元璋也被奉为吴王。至此，长江下游形成一栖两雄的局面，近在咫尺应天和苏州，两位吴王相互对峙。为了区分两者，本书将朱元璋的吴国称为朱吴国，将张士诚的吴国称为张吴国。

当时，张吴国的疆域南至绍兴、杭州一带，北侧从徐州（今江苏省）绵延至济宁（今山东省），西达汝州、颍州、濠州（朱元璋家乡）。其中还包括了长江三角洲一带，这也是张吴国的强大所在。

---

[1] 《明太祖实录》卷十四。

俗话说"江浙熟，天下足"，自宋朝以来，江浙一带便是闻名天下的粮食产区。元朝末期，仅江浙一地的租税年收入便占到全国的三分之一，足见当地的生产力之高。正因如此，当张士诚举兵起义时，元朝统治者对他的经济实力极为忌惮，许以高官厚禄。张士诚欣然接受了太尉之职，因此每年为大都运送粮食十一万石，这足以说明当地的经济实力之强。

此外，据说当时全国六成的海盐均出自江淮、两浙一带，加上江浙一带高度发达的农业生产力，张士诚借此缔造起元末屈指的经济大国。但是，这却不能说是张士诚及其部下的努力，他们只不过得了地利之惠，恰巧寄生于这块富庶之地罢了。结果正如刘基所料，张士诚在这种过剩的财富中渐渐疏远政治。因此，经济富庶的张吴国内部反而没有形成一个国家应有的管理制度。

张士诚迷失于眼前的繁华，极尽奢侈之能事，终日宴会歌舞，不理政务。一国之主尚且如此，下面的臣子自然也是纸醉金迷，俾昼作夜。其弟张士德及心腹潘元绍的家中更是收藏无数，金银珍宝、古董书画应有尽有。另外，据说张士诚为人慷慨大度，对小功小绩亦不吝惜恩赏，连走卒、厮养（养马的下人）都授予官爵。政府纲纪废弛，每逢出征将领便称病推辞，抑或许以封赏方肯出力，一朝上下如此做派委实狼狈。即便到了战场，有的将领依旧妻妾成群，终日沉迷于赌博蹴鞠，弃军务于不顾。哪怕因此战败失地，张士诚也不忍责罚，战事再起则又令他们为将为帅。

但是，张吴国的管理如此混乱失序，却也为当地营造了一种自由散漫的氛围。元末，为了躲避战乱，很多富商巨贾纷纷来到苏州，在张士诚的庇护下继续经营。对于他们来说，为了保护财产和攫取更多财富，自由放任的张吴国正是理想之地。张士诚对于他们的保护也是尽心尽力，以此来换取他们在经济上的援助。因此，两者的合作关系水到渠成。

据说，当时富甲一方的江南富豪沈万三，凭借着对外贸易所积累的巨额财富，在苏州近郊置办了大片田土地产。沈万三通过成为张士诚的外戚来保护自己的财产，张士诚也依靠沈万三提供的资金来维系政权。后来，他的财产遭到朱元璋的没收，据传应天城墙的三分之一便是靠那笔资金修筑而成。此外，定居苏州的富豪还有不少，他们虽然不及沈万三富有，却也竞相攀比，过着与战乱无缘的生活。可见，张吴国上下都沉湎眼前的荣华富贵，正是此地雄厚的经济实力支撑着这种如梦似幻的繁华盛景。

苏州经济的繁荣也给文化发展带去了不可估量的影响。元末的苏州，除了富豪地主之外，尚有许多士大夫和知识分子定居于此。张士诚不仅从不干涉他们的文化活动，还热衷于招贤纳士，为此还特意建造弘文馆和宾贤馆以示对他们的礼遇。曾任元朝翰林学士的陈基和中书右丞的饶介便在张吴国负责撰写文书，并积极辅佐张士诚。此外，即便不入仕为官，仍有许多文人墨客在张吴国的庇护下治学著书，吟诗作画。其中便有著名文人高启、杨基、张羽、徐贲等，他们在文学史上留下了浓墨重彩的一笔，后世将这四人并称为"吴中四杰"。他们的文学成就也与张吴国自由放任的风气不无关系。

虽然张吴国内部纲纪废弛，但是辖下特有的自由放任主义却陆续吸引着那些渴望自由与和平的人士。得益于此，在元末乱世，张吴国如同一颗大放异彩的明珠。这与朱元璋治下的朱吴国截然相反：为了填补窘迫的财政，朱吴国对内实行彻底的统治，换言之，他们通过强化内部凝聚力来打开困局。若说张吴国是以经济和文化为优先的国度，那朱吴国便是以政治为主导的国家，从两国知识分子的思想举止亦可看出这一点。

　　譬如以出仕朱吴国的知识分子刘基和宋濂为例，他们将国家社稷作为自己的第一要务。当然，这并不代表他们完全脱离文化活动，但是在非常时期，这些不是当务之急。反观张吴国的知识分子，他们之所以聚在苏州，倒不如说是为了能自由地吟诗作画著书立说。虽然这种差异很大程度上源自浙东、浙西两地传统价值观的差异，但是，统治者的性格对这种局面的形成也有着不可忽视的影响。两位吴王所追求的世界截然不同，因此他们招揽的知识分子也大相径庭。如今，两个背道而驰的国度终于迎来了他们的最终决战。

进攻苏州

至正二十五年（1365 年），朱元璋以徐达为大将军、常遇春为副将军率大军水陆并进奔袭淮东。淮东便是指淮水与长江之间的两河下流一带，张吴国的北半部分便被包括在内。朱元璋想通过夺取淮东来削弱张士诚，然后攻伐浙西（长江与钱塘江之间的江南三角洲）。按照计划，大军陆续攻下泰州、通州、高邮、淮安，最后夺回朱元璋的故乡濠州。半年间，淮东地区尽皆被朱元璋收入囊中，而张吴国则仅剩长江以南的领土。

至正二十六年（1366 年）八月，朱元璋再令徐、常二人领兵二十万对浙西发起总攻。此时常遇春建议一鼓作气攻下苏州，朱元璋道："不然。士诚起盐贩，与张天骐、潘原明等皆强梗之徒，相为手足。士诚苟至穷蹙，天骐辈惧俱毙，必并力救之，今不先分其势而遽攻姑苏。若天骐出湖州，原明出杭州，援兵四合难以取胜，莫若出兵先攻湖州，使其疲于奔命，羽翼既披，然后移兵姑苏取之必矣！"

此战，徐达率部横渡太湖攻克湖州，李文忠率军南侵攻下杭州。至此，朱元璋大军从南、北、西三个方向对苏州形成合围之势。

徐达等人出征之际，朱元璋一如既往地严令诸将："今惟浙西姑苏诸郡未下，故命卿等讨之。卿等宜戒饬士卒，毋肆掳掠，毋妄杀戮，毋发丘垄，毋毁庐舍，闻张士诚母葬姑苏城外，慎勿侵毁其墓，汝等毋忘吾言！”

同时，为了鼓舞士气，朱元璋还向士卒们宣读檄文，一一列举张士诚八大罪状：一为，买卖私盐，聚众造反；二为，诈降元朝，杀害朝廷命官；三为，建国谋逆另立年号；四为，战况不利便左右摇摆再次诈降……

八大罪状的前七条，都是在指责张士诚对元朝的不义之举，但是这些罪状套用在朱元璋的身上也没有什么不妥。那么如此刻意地列举罪状，这背后到底隐含着怎样的深意？朱元璋首先承认元朝的正统地位，在此基础上宣称朱吴国将替元政府讨逆，通过这种方式将自己包装为继承元朝正统的正义之师。八大罪状历数了张士诚对元朝的谋逆之罪，同时也将张士诚推向正统的对立面。反过来说，朱元璋一方借此获得了讨伐张吴国大义名分。此举是通过强调朱吴国的正统性从而令己方师出有名，如此一来，自己便不会被视为打家劫舍的贼军。

徐达领命后对湖州展开攻击，张士诚遣养子五太子、大将朱暹及曾于安丰之战中击败刘福通的吕珍率士兵六万前往驰援，军队于旧馆（今浙江省湖州市吴兴县附近）驻扎。徐达见此，连筑十垒据守以断其粮道。感到事态严重张士诚亲率大军来援，却败在距湖州一步之遥的地方。孤立无援的五太子等人陆续降伏，湖州也陷于徐达之手。此后大军一鼓作气连克嘉兴、松江等地，兵临苏州城下。与此同时，负责杭州防务的潘原明也投降李文忠，到此为止，苏州已然陷入四面皆敌的处境。

同年十一月，朱吴国大军兵临城下，将苏州围得水泄不通，双方你来我往陷入僵持。但是张士诚决意死战，围城数月仍不投降。为此朱元璋决定行招抚之策，遣人向张士诚送去书状。《明史》中留下了这则书状的内容："古之豪杰，以畏天顺民为贤，以全身保族为智，汉窦融、宋钱俶是也。尔宜三思，勿自取夷灭，为天下笑。"[1] 不过抱定决死之念的张士诚对此视若无睹，反而数度突围而战，战况依旧胶着。

至正二十七年（1367年），困守城内的张士诚陷入疲敝，于是决定突围决战，他令一军攻向在阊门严阵以待的常遇春。常遇春挥军迎击，双方战得难舍难分，张士诚又加派一千兵马参战，并亲自出兵坐镇于阊门附近的山塘以为后援。但是，山塘道窄[2]士兵无法快速通过，正当张士诚率部行至一半时，常遇春领军赶来，击敌于半渡，张士诚军大败，互相拥挤之下，无数士兵溺亡于阊门外的沙盆塘中。

张士诚麾下有一勇胜军号为十条龙，他们勇猛如龙能征善战，平素皆身着银铠，穿梭于万军之间。此役，勇胜军也惨遭败绩尽皆溺死于万里桥，而张士诚也不慎坠入水中险些殒命，幸得部下救援及时，才被抬着退回城内。

三日后，张士诚重整旗鼓再次突围作战。奈何士卒们早已人困马乏，在常遇春的追击下丢盔卸甲逃回城内。此战，张士诚之弟，宰相张士德也被石弓击中身亡，苏州城内军心涣散宛如一盘散沙。为了活下去，张士诚呵斥部下并亲率残兵二三万在万寿寺东街与朱军展开巷战，力战之下仍是不敌，部下也尽数溃散。仓皇败退的张士诚逃入皇宫，自觉大势已去便对其妻刘氏说道："我败且死矣，

---

[1]《明史·张士诚传》。

[2] 译者注：山塘唯有一条小路，两侧均为水塘。

若曹奈何？"刘氏曰："君勿忧，妾必不负君。"[1]如此言毕，刘氏于齐云楼下备好薪柴，随后驱赶姬妾入内，并令养子辰保纵火焚之，事了刘氏也自缢而亡。

而张士诚因为不愿为朱元璋所虏，在苏州城陷落在即之时，独坐一室，准备自缢殉国。此时恰逢降将赵世雄赶到，急忙将其抱下解开绳套，与死亡一线之差的张士诚被救回后在朱吴国军队护送下返回应天。途中，他一言不发、拒绝饮食，后来趁着守卫疏忽自缢而亡，享年四十七岁。此时，距离张士诚起义已有十四年，而张吴国成立才不过四年。

---

[1] 《明史·张士诚传》。

战后处置

至正二十七年（1367 年），徐达等将凯旋回到应天。平定张吴国后，朱元璋开始论功行赏，封李善长为宣国公、徐达为信国公、常遇春为鄂国公，此外，其余诸将皆论功厚赏。

次日，徐达等人觐见朱元璋表达感谢时，朱元璋这样问道："公等还第，置酒为乐否？"徐达等人答道："主上恩德皆置酒相庆。"对此，朱元璋以略带告诫的口吻叮嘱众人道："吾宁不欲置酒，与诸将为一日之欢。但中原未平，非宴乐之时。公等不见张氏所为乎？终日相与酣歌逸乐，今竟何如，宜深戒之。"[1]

平定张吴国后，对于高兴得有些忘乎所以的诸将，朱元璋再次告诫他们切勿骄奢淫逸。如今的胜利只不过是一时之胜，而北方的元朝虽然衰微，但其实力依旧不可小觑。因此，朱元璋认为有必要令诸将牢记最后一战的大敌——元帝国。

另一方面，根据《明太祖实录》记载，对于张吴国的降将们，朱元璋也不忘训诫一番：

> 汝等旧事张氏，为将领兵，计穷势屈，始降于我。吾待以厚恩，列于将校。汝等知其然乎？吾明告汝等，吾所用诸将，多濠泗汝　寿春定远诸州之人。勤苦俭约，不知奢侈。非比浙

---

[1]《明太祖实录》卷二十五。

江富庶，耽于逸乐。

　　汝等亦非素富贵之家。一旦为将握兵，多取子女玉帛。非礼纵横，今既归于我，当革去旧习，如吾濠泗诸将，庶可以保爵位。人莫不慕富贵，然致富贵易，保富贵难。汝等诚能尽心效职，从大军除暴平乱，使大业早定，非独己受富贵，子孙亦得以世享其福。若肆志一时，虑不顾后。虽暂得快乐，旋复丧败。何足为真富贵乎？此皆汝等所亲见者，不可不戒也。[1]

从这段话中不难看出，朱元璋强烈的同乡思维及对于"军令如山，言出法随"的崇拜。朱元璋集团靠着同乡之间坚固无比的凝聚力方能有此成就，同时为了维系军队，即便是同乡血亲也需依照军法行事，对于违令者毫不犹豫军法处置。于财政捉襟见肘的朱氏军团来说，严格的内部统治便是他与其他豪杰一争长短的唯一手段，平定张吴国之战也证明了这种做法是行之有效的。因此，浙西降将们自然也必须对朱元璋集团的方针唯命是从。

　　平定张吴国的善后自然不可能止步于对降将们的训诫，朱元璋的手段绝非如此温和，而是相当残酷的。或许是为了报复张吴国长达九个月的顽抗，首先遭殃的便是张吴国的参谋黄敬夫、蔡彦夫、叶德新三人，曾是宰相张士德的幕僚并左右张吴国政局的三人被捕后于集市枭首示众。当时的苏州城，街头巷尾都流传着一首名为《黄花菜》的歌谣。

　　谣曰："丞相做事业，专靠黄、蔡、叶。一朝西风起，乾鳖。"[2]

　　此谣将朱元璋比作西风，以此预言三人的命运，结果也确实

---

[1] 《明太祖实录》卷二十五。

[2] 吴宽《平吴录》。

如此。

此外，为张吴国效力的官僚将帅以及为躲避战祸定居于此的民众总计二十万余人，都难逃被迫移居南京的命运。朱元璋训诫降将，便是发生在张吴国诸将被押送应天之后。同时被迫移居的还有许多曾与张士诚颇为亲密的富商巨贾、地主及知识分子。此举显然是为了将张吴国的残余势力连根拔起并将他们至于眼皮底下严加监控。

此外，还有一些富户被迫移居至朱元璋的故乡凤阳（濠州），翌年松江的富户们也难逃此劫。他们的土地均被收归国有充作官田，同时还被迫缴纳巨额税金。因为当地是天下闻名的粮食产区，所以善后时恰好将这些土地收归国有，直接经营。此后，政府在嘉兴、湖州、常州、镇江等地设立官田。后来，两府合计的税粮约占国家税粮收入的五分之一。

通过以上举措，张吴国的势力一丝不剩地被朱吴国吸收殆尽。盛极一时的张吴国不过数年便如梦幻泡影一般消失在元末的版图之上。

再见，红巾军

在讨伐张吴国之际，朱元璋列举了张士诚的八大罪状，此举不仅是对张士诚的责难，同时也隐含另一层深意：在檄文中，朱元璋首次斥红巾军为"贼"，将迄今与红巾宋朝的关系全盘否认。上文已经提过，受到加盟朱氏政权的知识分子所影响，朱元璋的想法渐渐发生转变，与曾经的起义军不同，如今的朱元璋走上了一条以儒家思想为指导的建国之路。但是另一方面，在战略上则依然奉小明王为主，同时保持着作为红巾宋朝之臣的立场，被安置于滁州的小明王也依旧是朱元璋有名无实的主君。

然而，当时的朱吴国早已今非昔比，朱氏政权羽翼渐丰，实力之强已能与强敌张士诚一争长短，此时自然不必再继续拥戴小明王。此后为了名正言顺，朱元璋开始宣扬自己信奉的儒家思想。为此，他需要与打破旧秩序的红巾军分道扬镳，而这一切的背后少不了刘基等人的出谋划策。

朱元璋的檄文中这样写道：

> 近睹有元之末，主居深宫，臣操威福，官以贿成，罪以情免，宪台举亲而劾仇，有司差贫而优富。庙堂不以为虑，方添冗官，又改钞法，役四十万人，湮塞黄河，死者枕藉于道，哀苦声闻于天。

> 致使愚民，误中妖术，不解偈言之妄诞，酷信弥勒之真有，

冀其治世，以甦其苦，聚为烧香之党，根据汝、颍，蔓延河、洛。妖言既行，凶谋遂逞，焚荡城郭，杀戮士夫，荼毒生灵，无端万状。元以天下钱粮兵马而讨之，略无功效，愈见猖獗，然而终不能济世安民。是以有志之士，傍观熟虑，或假元氏为名，或托乡军为号，或以孤兵独立，皆欲自为，由是天下土崩瓦解。

予本濠梁之民，初列行伍，渐至提兵，灼见妖言，终不能成事，又度胡运，难与成功，遂令兵渡江。赖天地祖宗之灵及将帅之力，一鼓而有江左，再战而定浙东。[1]

在这封檄文中，朱元璋将红巾军视为"贼"，并将他们的教义称为"妖言"，这也即是将白莲教定性为邪教，将自己曾投身的红巾军斥为贼军。对于推崇儒家思想以重建秩序为己任的朱元璋来说，宣扬打破现状的白莲教便是他前进路上的绊脚石。

朱元璋的态度变化发生转变，他麾下的知识分子起到相当大的作用，原本不事学问的朱元璋在行军途中便经常召集儒者们为他讲经论史，并积极地吸收知识。不知不觉中，朱元璋具备了相当的文化教养，不仅能聆听儒家的圣贤之道，学习中国历史，一番努力后还能吟诗作对。此外，通过学习儒学典籍中所描绘的理想世界及为实现这种理想而奋斗的古代帝王事迹，朱元璋的人格也趋于成熟。

由此看来，朱元璋心之所向的世界显然不是红巾军梦想的弥勒下生，而是基于传统儒家思想中的伦理秩序所建立的世界。如此看来，朱元璋确实变了，但这种变化绝不能用"他从农民倒向地主"这样武断的话来概括。朱元璋自身或许从未有过这样的意识，他只

---

[1] 吴宽《平吴录》。

不过是遵循儒家思想，希望重建秩序，仅此而已。因此，才对于破坏秩序的红巾军持否定态度。

至正二十六年（1366年）冬，此时张吴国已覆灭在即，朱元璋遣部下廖永忠前往滁州将小明王接至应天。此举表面上是想在应天拥戴他为王，但实际上，廖永忠此行带着朱元璋的密令，想要与红巾宋朝做个了断。当日，廖永忠带着小明王来到瓜步渡口（今江苏省六合县）乘船，不料渡船倾覆，小明王就此溺死江中。对于原为巢湖水贼的廖永忠而言，令渡船倾覆不过小事一桩。回到应天后，他向朱元璋报告，突遇大风致使韩林儿落水溺亡，这一切就如同事先安排好的剧本一般。

但是十年后，朱元璋仿佛突然想起了他对小明王的不义之举，于是赐死了廖永忠。或许，对朱元璋来说，这一幕也在计划之中吧。总而言之，朱元璋借他人之手将小明王永远埋葬在冰冷的瓜步江中。

除去小明王后，朱元璋终于名正言顺地以吴王自居而不再有诸多顾忌。他将沿用至今的龙凤年号废除，将次年定为吴元年，并下令建造新的宗庙和社稷坛。早在同年八月，应天城的修筑便已动工，宫殿的建造也在有条不紊地进行中。这些举措不仅是建立新国家的第一步，同时也暗示朱元璋称帝进入倒计时。但是，朱元璋还有一件大事尚未完成。北方元朝势力依旧在苟延残喘，不扫清鞑虏，新国家的建立便遥遥无期。大宋国未竟的北伐大业如今落在了朱元璋的肩上。

九
恢复中华

驱除胡虏

吴元年（1367年）九月，朱元璋扫平张吴国，一举拿下长江下游。此时，朱吴国不仅据有现在的安徽、江苏、浙江、江西、湖北、湖南等省，还将山东及河南南部的黄河南岸收入囊中。至于其他势力，方国珍据有浙南一带，陈友定[1]坐镇福建八郡，明玉珍建大夏割据四川。虽然朱元璋尚未统一全国，但是群雄却也无力遏制强势崛起的朱吴国，他终于具备了割据一方的雄厚实力。因此，对朱元璋而言真正的威胁来自北方，元帝国虽然式微，但仍有数十万大军陈兵于大都周边拱卫京师。这头负伤的猛兽余力几何，朱元璋不得而知。

同年十月，北伐在即，朱元璋召集诸将商讨战略。此时，仍是常遇春坚持主张直捣黄龙，此情此景与当年攻伐苏州时出奇的一致。但是，朱元璋依旧认为应当谨慎用兵，先收复大都周边诸郡，令其孤立无援方为上策。具体而言，先平定河南、山东剪其羽翼；后克潼关，震慑西北，如此一来天下大势将尽在掌握。诸将对此皆无异议，北伐大计初定。

会后四日，朱元璋令徐达为征虏大将军，常遇春为其副将，率二十五万大军开始北伐。顺便一提，徐达与常遇春又并称"徐常"，

---

[1] 元将陈友定本为一介巡检，后因功官至参知政事占据福建八郡之地。

在名将如云的朱元璋麾下二人堪称双璧，但凡重要行动皆由二人领军。其中，常遇春侵掠如火，每逢破城定然杀人于谈笑之间。而徐达则沉着冷静、用兵持重，且不喜杀伤，即便是敌方丁壮和间谍，只要乞降便会恩义兼施收为部下，因此徐达在军中威望甚高。这二人均是朱元璋的心腹爱将，他们性格虽截然相反，但合作起来总是战必克攻必胜。此次北伐重任，除徐常二将之外自然不作他想。

出征之际，为出师有名，朱元璋以檄文呼吁北方的官吏和民众们团结一心推翻元朝。檄文由朱元璋麾下首屈一指的学者宋濂亲自起草，以下截取部分：

自古帝王临御天下，皆中国居内以制夷狄，夷狄居外以奉中国，未闻以夷狄居中国而制天下也。自宋祚倾移，元以北夷入主中国，四海以内，罔不臣服，此岂人力，实乃天授。彼时君明臣良，足以纲维天下……自是以后，元之臣子，不遵祖训，废坏纲常，有如大德废长立幼，泰定以臣弑君，天历以弟鸩兄，至于弟收兄妻，子征父妾，上下相习，恬不为怪，其于父子君臣夫妇长幼之伦，渎乱甚矣。夫人君者斯民之宗主，朝廷者天下之根本，礼仪者御世之大防，其所为如彼，岂可为训于天下后世哉！

及其后嗣沉荒，失君臣之道，又加以宰相专权，宪台抱怨，有司毒虐，于是人心离叛，天下兵起，使我中国之民，死者肝脑涂地，生者骨肉不相保，虽因人事所致，实乃天厌其德而弃之之时也。古云："胡虏无百年之运"，验之今日，信乎不谬。

当此之时，天运循环，中原气盛，亿兆之中，当降生圣人，驱除胡虏，恢复中华，立纲陈纪，救济斯民……方今河、洛、关、陕，虽有数雄……二者其始皆以捕妖人为名，乃得兵权。及妖人已灭，兵权已得，志骄气盈，无复尊主庇民之意，互相吞噬，反为生民之巨害，皆非华夏之主也。

予本淮右布衣，因天下大乱，为众所推，率师渡江，居金陵形式之地……奄及南方，尽为我有。民稍安，食稍足，兵稍精，控弦执矢，目视我中原之民，久无所主，深用疚心。予恭承天命，罔敢自安，方欲遣兵北逐胡虏，拯生民于涂炭，复汉官之威仪。虑民人未知，反为我仇，絜家北走，陷溺犹深，故先逾告。

兵至，民人勿避。予号令严肃，无秋毫之犯，归我者永安于中华，背我者自窜于塞外。盖我中国之民，天必命我中国之人以安之，夷狄何得而治哉！予恐中土久污膻腥，生民扰扰，故率群雄奋力廓清，志在逐胡虏，除暴乱，使民皆得其所，雪中国之耻，尔民等其体之。如蒙古、色目，虽非华夏族类，然同生天地之间，有能知礼义，愿为臣民者，与中夏之人抚养无异。故兹告谕，想宜知悉。[1]

这篇檄文中隐有朱元璋的两重深意：其一，主张"正统论"，即承认源自夷狄的元朝为正统王朝，奈何元廷德行有失，故应由新政权取而代之；其二，基于"华夷思想"，认为元朝乃是夷狄入华，主宰中国委实不妥，同时指出"盖我中国之民，天必命我中国之人以安之"。乍看之下，这两点似乎自相矛盾，实则不然，将两者合而为一便不难发现其中要旨。

为使朱氏政权名正言顺地接棒成为新的统治者，前者首先承认元朝的正统性，一个王朝得以存续，有赖于民众对正统的信仰。

---

[1] 《明太祖实录》卷二十六。

接着，檄文通过指出朱氏政权将继承前朝正统，借此名正言顺地推翻丧失正统的元朝。再者，此举也是向官僚和知识分子们阐述北伐的思想依据和行动纲领。因此，出征之前必须将朱氏政权的立场广而告之。

另一方面，后者则是为团结"中国之民（大部分为汉族之民）"，令举国上下众志成城。元朝失政，社会动荡、民不聊生，官僚也罢，地主小农也罢，生于乱世不过只是浮萍野草。而想要令这些民众团结在朱吴国的大旗之下，为建立新朝而砥砺前行，则必须为他们指明共同的目标。为今之计是向民众强调夷狄治华的弊害，唤醒他们内心沉眠的中华意识，除此之外别无他法。为此，檄文将社会诸矛盾的责任归结于夷狄治华失道，同时点燃他们对元朝的不满，并以此作为革命的原动力。

但是，朱元璋虽提倡恢复中华，却并未直言复兴汉族江山。无视多民族国家的国情而只对汉人另眼相待，这显然是不合理的。即便是异族，只要传习中华文化，便"与中夏之人抚养无异"。因此，朱元璋认为忽必烈的统治因为有德所以当为正统。换言之，失德的元朝与夷狄无异，不应继续主宰中国。从这个意义上来说，"胡虏无百年之运"指的便是元朝虽曾为正统，但德行有失沦为胡虏，故其命数已矣，应立即退出中国。檄文通过正统论和华夷思想为改朝换代提供了一个天衣无缝的理论依据。"驱除胡虏，恢复中华"的口号背后竟有如此之远虑着实令人惊叹。

檄文一出，北伐军势如破竹：同年十一月，大军攻陷沂州（今山东省），斩军阀王宣，随后再克益都；十二月，攻陷济南，平定山东。次年（1368年）四月，徐达、常遇春于洛水之北击溃元军后一鼓作气平定河南，朱元璋遂前往汴梁，更其名为开封府。与此同时，冯胜（冯国胜）率精锐拔潼关、克华州（今陕西省），随后屯驻开封，元政府遣察罕帖木儿养子扩廓帖木儿及李思齐率军增援，但为时已晚。不知疲倦的北伐军犹如怒涛一般吞噬着元朝的疆域，闰七月，德州、通州相继平定，大都终于近在眼前。

听闻北伐军逼近，元政府惶惶不安。胆战心惊的元顺帝已然顾不上北伐军，匆忙于清宁殿召集后妃和皇太子等人商议逃离之法。知枢密院事哈剌章虽然力劝不可，但顺帝不从。此时，宦官赵伯颜不花哭诉进谏：“天下者，世祖之天下，陛下当以死守，奈何弃之！臣等愿率军民及诸怯薛歹[1]出城拒战，愿陛下固守京城！”[2]

然而因恐惧失去常性的顺帝对此依旧充耳不闻，是夜顺帝一行从建德门逃离宫城，经由居庸关向北方逃窜。徐达入宫后为防图册书籍散乱流失，特命人封锁内府仓库，令士卒于宫门前护卫，同时严令禁止抢掠。得益于此，在一片平静中，北伐军顺利接管大都。忽必烈建立大都已百年有余，在这里，元帝国结束了他对中国长达九十七年的统治。

逃离大都的顺帝原本逗留于上都，后迫于常遇春的追击又退至应昌（今内蒙古自治区赤峰市达里诺尔湖西南），不久便病逝于此。顺帝故去一个月后，应昌也遭到北伐军的急袭，皇太孙买的里八剌和皇妃成为阶下之囚，玉玺也被缴获。皇太子爱猷识理达腊率十余骑突围，逃向北方。作为曾经称霸东亚叱咤风云的征服王朝，元朝的末路实在令人唏嘘不已。

---

[1] 译者注：由成吉思汗亲自组建的禁卫军。

[2] 《元史·顺帝本纪》。

大明帝国的诞生

徐达等人北伐之际，朱元璋同时对南方用兵。在征南将军胡廷瑞及副将和文辉等人的努力下，福广两省归心，平定中国南部指日可待。

与此同时，朱元璋则在应天忙于打造新朝体制。制度方面，吴元年（1367 年），朱元璋下诏设文武科取士，又三年重开科举。科举作为一项官僚选拔制度，在元朝备受冷遇，令众多知识分子心怀不满。重新开科取士不仅可以吸纳这些怀才不遇之士，同时也可以长期稳定地为新政权补充官僚队伍，故其对于新朝的意义可谓不言而喻。

同年五月，朱吴国设翰林院治学求是，以陶安和潘庭坚为翰林学士，朱升为侍读学士。十月，设御史台监察百官，以汤和及邓愈为左右御史大夫、刘基和章溢为御史中丞。加上之前的大都督府及中书省，帝国的监察、军政、民政三权终于正式分置。

硬件方面，各大建筑相继落成：同年八月，用于天子祭拜天地的圜丘、方丘、社稷坛正式竣工；九月，应天的新宫殿正式落成。其中，奉天、华盖、谨身三大殿将用于今后的国事大典。而内廷则被用作帝王私宅，以乾清宫、坤宁宫为代表的六大宫殿井然排列，皇城四方各设一门通行。根据朱元璋的命令，所用宫殿均注重耐用，形式朴素、不为雕琢。此外，同年十一月，改正朔，承天意，设大统历。

法制方面，新朝不可或缺的基本法典也陆续完善。同年十月，朱元璋令中书省负责编撰律法，以李善长为总裁官，杨宪、刘基、陶安等二十人为议律官。至十二月，《律令》编纂完成，其中律285条，令145条，前者主要以刑律为主，后者则以政令为主。同时，为帮助一般民众理解晦涩的律令，政府又将民事诉讼相关的条项重新编纂为《律令直解》，并下发至地方府衙，用以训释《律令》文意。朱元璋在位期间曾数次修正《律令》，并以此为基础，详定《大明律》。此后终明一朝，《大明律》都鲜有更改。

如上述所言，建立新朝的准备工作正有条不紊地进行中。吴元年十二月，中书左丞相李善长率百官奉表劝进朱元璋即帝位。朱元璋效仿古法以"不德"为由三推三让后，令李善长参考历代王朝之礼准备即位大典。

翌年，即洪武元年（1368年）正月，朱元璋于南郊圜丘祭告天地后，在文武百官和应天的富民耆老山呼万岁之声中即皇帝位，定天下之号曰明，建元洪武。大明帝国由此诞生，长久以来翘首以盼的国家秩序终于在此刻得以重建，四周的山呼仿佛在高声宣告由贫农之子朱元璋所引领的新时代正拉开序幕。

国号"明"的由来，史学界暂无定论。有学者认为是取自旧主"小明王"之"明"。也有学者认为，五行之说中以"朱明"代表南方，因此同样起于南方的朱元璋取明为国号。然而众说纷纭，真相难知。

另外，年号则是为了彰显兵事之盛，故以"洪大武功"为名，做洪武年号。顺带一提，自朱元璋开始，明帝国采用一世一元制，根据年号，朱元璋也被称为洪武帝，或以死后庙号称其为明太祖。

南郊的即位仪式结束后，朱元璋乘车前往太庙参拜，追尊德祖（庙号）朱百六以下四世先祖，后于社稷坛祭祀土地与五谷之神，再回到奉天殿端坐于龙椅之上，接受百官朝贺。朝贺完毕，朱元璋令李善长奉册宝（册书和宝玺），立马氏为皇后，世子朱标为皇太子。再论功行赏，以李善长、徐达为左、右丞相，其余诸功臣皆加官晋爵。

那么，即位大典中，朱元璋又在想些什么呢？想必是在追忆往昔之种种吧：一贫如洗放牛为生的少年时代，忍泪含悲与双亲的生离死别，无依无靠游方行脚的流浪之旅，屈居郭子兴之下的忍辱负重，与陈友谅、张士诚的你死我活……这些往事如走马灯一般持续在他的脑海中交替回放。与往昔的境遇相比，如今的自己仿佛身处梦中。而为他编织如此美梦的，正是有生养之恩的父母、同甘共苦的诸将以及那些雪中送炭之人。彼时的朱元璋理应想到，仅凭自己的努力是无法成就帝业的。

即位大典次日，朱元璋将伯父朱五一以下的亡故族人全部追封为王，并于洪武二年（1369 年），在故乡凤阳为他们举行合祭。其实两年前，他便找到曾经介绍自己进入皇觉寺的汪大娘，对其子孙后代授予官职，令他们负责父朱五四之墓的守卫工作。此外，由于地主刘继祖曾施舍朱元璋土地以埋葬父母兄长，为报其恩义，朱元璋封其为义惠侯。上述行为也反映了朱元璋重情重义的一面。

振兴中华

洪武元年（1368年），朱元璋下诏恢复唐制衣冠，自此被蒙古长期统治的中国社会焕然一新。元朝时，许多汉族民众梳着北方民族特有的辫发，身着裤褶窄袖的胡服，更有甚者冠以胡姓。诏令一下，衣冠重回旧制，严禁汉人说胡语、冠胡姓。

吴元年（1367年）十月，新朝成立的前夕，朱元璋下令所有官品均改为以左为尊。原先根据蒙古习俗，所有官品皆均以右为尊，自此官品的尊卑次序也重回"尊左"的中华传统。原为右相国的李善长变为左相国，徐达亦然。洪武元年二月，朱元璋再下一诏，除官品之外，凡大明治下均须以左为尊。明帝国在恢复中华的旗帜下成立，因此这么做倒也理所当然，为了使明朝政权成为正统，恢复中华传统势在必行。

不过恢复中华并非为激起民族矛盾或灭绝蒙古人。洪武三年（1370年）六月，顺帝之孙买的里八剌于应昌被俘，后被护送至应天。同月，朱元璋颁下《平定沙漠诏》，同时封买的里八剌为崇礼侯，借此来安抚异族并表明一国之内无"华夷之别"。朱元璋渴望成为重现"汉唐威仪"的明君，为此，对于仰慕中华文化的夷狄之辈更应该保护周全。此举也可以看出，朱元璋深受传统中华思想之熏陶。

洪武元年十一月开始，朱元璋依次向周边诸国遣使宣读即位诏，并要求对方恢复朝贡。随后，安南（越南古称）、高丽、占城（越

143

南南部）等国纷纷来朝，朱元璋遣册封使，册封陈日煃为安南国王、王颛为高丽国王、阿答阿者为占城国王。中华思想的理论认为，中华世界位于中央，天子以德治国，其周边则是夷狄所居的未开化之地。天子若是有德可感化夷狄，而夷狄仰慕天子之德入华来朝。这种思想的具体体现，便是中国皇帝对周边诸国的册封，及周边诸国的入华朝贡。自古以来，东亚的国际秩序便是建立在这种册封—朝贡的关系之上。

因此，朱元璋即位后便马不停蹄向周边诸国遣使要求朝贡，其初衷便是重建东亚国际秩序。重现"汉唐威仪"，不仅需要弘扬中华文化恢复中华制度，更需要重现汉唐两代之盛世，令大明成为国际性的大帝国君临东亚。洪武三年（1370 年），朱元璋重新开科取士并准许高丽、安南、占城等地的民众参加。结果高丽有三人参加，仅有一人及第，但此举实际上是中华天子广播恩德的体现之一。同时，这也表明明朝取代元朝，成为新一代宗主国，开始履行中华对夷狄的义务。

朱元璋所求并不只是汉族之帝王，而是中华之帝王。正如北伐檄文所言："有能知礼义，愿为臣民者，与中夏之人抚养无异"，实际上，朱元璋的方针自始至终都秉承着这一理念。他坚信，作为恢复中华的帝王，这些行动是自己义不容辞的责任。

战后重建

距离即位大典结束不过十日，朱元璋和刘基就生息之道进行了一番问答。

朱元璋询问道："曩者群雄角逐，生民涂炭，死亡既多，休难复，今国势已定，天下次第而平，思所以生息之道，何如？"

刘基对曰："生息之道在于宽仁。"

朱元璋摇头表示："不施实惠而概言宽仁，亦无益耳！以朕观之，宽仁必当阜民之财而息民之力。不节用，则民财竭；不省役，则民力困；不明教化，则民不知礼义；不禁贪暴，则民无以遂其生。如是而曰，宽仁是徒有其名，而民不被其泽也。故养民者，必务其本；种树者，必培其根。"

刘基叹服道："陛下尽心如此，民其有不受惠者乎，传曰，以仁心行仁政，实在今日，天下之幸也！"[1]

新朝虽立，但二十年来战乱不断，国土荒废、人口锐减。在大宋国与元朝频繁交战的华北一带，这种情况尤为严重。河北、河南、山东等地饱受战火摧残，执政者非但不思重建反而弃之不顾。长此以往，渺无人烟的村庄随处可见，堆积成山的白骨俯拾即是，荒芜不堪的田地杂草丛生。战乱平息后，首先需要令幸存居民过上安定

---

[1]《明太祖实录》卷二十九。

的生活，同时尽快开垦荒废的土地。为此，执政者必须拿出言之有物的养民之策。

洪武元年（1368年）正月时，百官入京朝见，朱元璋这样训诫他们：

> 天下初定，百姓财力俱困，譬犹初飞之鸟，不可拔其羽，新植之木不可摇其根，要在安养生息之，惟廉者能约己而利人，贪者必损国而厚己，况人有才敏者或尼于私，善柔者或昧于欲，此皆不廉政之也，尔等当深戒之。[1]

此政言旨在要求基层地方官们倾听民声体恤民情，并告诫他们约束言行切勿为民众平添负担。

与此同时，以"安养生息"为目的的养民之策也相继实施。自吴元年五月起，政府规定，新迁入者免除三年的徭役和税粮。洪武三年（1370年）三月，政府免除直隶、河南、山东、北平、浙江、江西等地该年的租税以此宽养民力。此后免税政策逐渐推行至全国各地。再者，为了增加耕地面积，政府鼓励开垦并发放耕牛和稻种，免除税粮和徭役，并在此基础上实行屯田政策。洪武四年（1371年）六月，政府将三万两千八百户居于长城之外的民众迁至北平令他们兴办屯田，合计新开一千三百四十三顷耕地。

此外，政府积极号召因战乱流落他乡的农民回乡，将人口密集地（狭乡）的居民频繁地迁至人口稀少地（宽乡）。得益于华北一带的徙民政策，该地的人口逐渐回升，农业生产量也逐年递增。另外，与屯田和徙民政策同步实施的还有大规模的水利工程。各地不

---

[1] 《明太祖实录》卷二十九。

断开凿河道用以疏水灌溉，积极修筑河川的防波堤，诸如此类的水利工程极大促进了耕地面积的增加。在国家权力的推动下，由各地方官主导开展的各项工程相继完成。

得益于积极的养民政策，荒废的国土迅速重获生机。就耕地面积而言，洪武十四年（1381年）全国耕地面积达到三百六十六万七千七百一十五顷，其中新开垦的有一百八十万三千一百七十一顷，约占全体的半数之多。换言之，不过短短十年，耕地面积便翻了一番。

从产量来看，洪武二十六年（1393年）时，国家粮食年收入为三千两百七十八万九千八百石，较元朝泰定二年（1325年）的一千两百一十一万四千七百零八石增长了将近两倍。

再看人口统计，洪武二十六年为一千零六十五万两千八百七十户，合六千零五十四万五千八百一十二口，而元朝正值鼎盛的至元二十八年（1291年）则为一千三百四十三万三百二十二户，合五千九百八十四万八千九百六十四口。相较之下，户数虽有所减少，人口却创下新高。从中亦可看出当时的国力已初步恢复，朱元璋的养民之策成果斐然。

十

明帝国的内部矛盾

建设中都

洪武三年（1370年）五月，北伐军于应昌扫荡北元残党，俘获顺帝之孙买的里八刺，并于六月分兵护送其返回，本队于同年十一月七日凯旋回到应天。八日，征虏大将军徐达向朱元璋承上《平沙漠表》。九日，朱元璋遣官于郊庙报捷。两日后，在奉天殿论功行赏，开国功臣中六人被封为公爵，二十八人被封为侯爵。功臣之首李善长为韩国公，年俸四千石；第二位徐达为魏国公，年俸五千石；第三位常遇春在北伐途中暴毙，故荫其子常茂为郑国公，年俸三千石。

与三年前扫平张吴国之时不同，本次主要基于诸将对大明建国的整体功绩来进行封赏。因此，此次位列功臣的三十四人早在攻占应天之前便与朱元璋同甘共苦，他们亦是朱元璋最为信赖的部下。其中，随朱元璋从凤阳南下的淮西二十四将中，除去战死的二人，二十二将中有十四人受封。余下皆为南下途中加入朱元璋麾下之人。

从他们的出生地便不难发现，这三十四人中，与朱元璋同出凤阳的共有十一人，约占全体的三分之一，余下诸将则大多来自定远、盱眙、临淮、五河、和州等淮西一带。换言之，开国功臣均来自以凤阳为中心的淮西集团，这也足以说明明朝建立于淮西集团的主导之下。就如朱元璋经常挂在嘴边的那样，淮西集团具有强大凝聚力，他们以牢不可破的同乡意识屡次突破困境，明朝的建立同时也印证了淮西集团的成功。

朱元璋希望与淮西的战友们共享胜利的喜悦之情，而分封淮西诸将正体现了他真挚而不矫揉的情感。同时，背井离乡的淮西老乡们一同讴歌胜利，这也令淮西集团的凝聚力越发牢固。对淮西集团的封赏告一段落，两日后，朱元璋封刘基为诚意伯，年俸仅为二百四十石，与徐达等人相差悬殊。明朝的建立，刘基可说是功不可没，但是他的封赏却远逊淮西诸将，原因在于刘基出生浙东。朱元璋对于淮西集团的厚爱由此可见一斑。

既然明朝是由背井离乡的淮西集团一手缔造而成，那么他们将故乡凤阳作为一种精神归宿便也不足为奇了。因此，凤阳不仅应该具备帝乡之威仪，而且必须备受民众的敬仰。不过由于战祸，此时的凤阳早已人烟绝迹、彻底荒废，境内焦土遍地、白骨累累。为了重建凤阳，首先必须通过徙民政策增加当地人口，同时恢复农业生产。

早在吴元年（1367年）十月，苏州富豪们（张吴国遗民）便被迫移居凤阳。以此为开端，洪武三年（1370年）六月，来自苏州、松江、嘉兴、湖州、杭州五郡共计四千余户居民被移居此地。政府对他们发放耕牛、稻种，令他们在此开垦耕地，新开田地享受三年免税政策。洪武七年（1374年）十月，来自江南的居民十四万人再次被移居凤阳。在李善长的监督下，凤阳移民们倾其全力开垦耕地。

此外，政府还将死囚减刑一等发配凤阳。据统计，凤阳的移民约为二十万人，通过这一系列措施，荒废的城市正渐渐焕发生机。

在此期间，朱元璋频繁视察凤阳，以此对外强调他的乡土情结。征伐苏州的前夕，至正二十六年（1366年）四月，朱元璋回到凤阳修缮朱五四之墓（后来成为皇陵），并令汪大娘的子孙为其守墓。翌年，即吴元年十月，朱元璋又遣长子朱标和次子朱樉赴凤阳祭拜祖先。此举一方面意在丰富两位皇子的见闻，同时也是为了让他们体会朱元璋起兵之初的劳苦。

不久，洪武二年（1369年）九月，继南京（应天）和北京（今河南省开封）之后，朱元璋宣布以凤阳为中都，这便是所谓的"三京制"之肇始。其中，北京开封只是名义上的都城，而中都凤阳，其城墙规模约为南京的二分之一，且建筑设施也与南京无异。皇城中不仅宗庙、社稷坛一样不落，连中书省、大都督府、御史台等中央政府机构都一应俱全。中都的建造一直持续到洪武八年，其间朱元璋不断将中都附近的土地赐予功臣，并为他们建造宅邸，以此来营造都城格局。或许是为了避免形成元朝的两都格局，那时朱元璋便开始思考建立"两京制"也未可知吧。

但是，洪武八年四月，朱元璋携全体功臣赶赴中都，于圜丘祭拜天地，随后突然宣布罢建中都，理由是劳民伤财。此后，中都虽作为明朝陪都继续存在，但中央政府机构全部撤除，只剩下中都留守司守卫皇陵。自此，凤阳虽为帝乡，却降格为地方城市。

淮西集团和浙东集团

在淮西集团忙于歌功颂德之际，以刘基和宋濂为代表的浙东集团却对他们的行径横眉冷对。淮西集团除李善长等数人以外，其余均为武将。与之相反，浙东集团则完全是由知识分子组成，且大多是在朱元璋进军浙东后投效麾下。作为朱元璋的智囊团，他们对于明朝的建立有着不可磨灭的功绩。《明史》称赞宋濂"而一代礼乐制作，濂所裁定者居多"，而另一代表刘基则在朱元璋帐下运筹帷幄决胜千里。

在浙东集团中与淮西集团针锋相对的急先锋正是刘基，他于洪武四年如此劝谏在中都大兴土木的朱元璋："凤阳虽帝乡，然非天子所都之地。虽已置中都，不宜居。扩廓帖木儿虽可取，然未可轻，愿圣明留意。"[1]

刘基向朱元璋强调，从战略上而言中都绝非国都的理想之地，借此来打消他采取两京制的念头。但此处提及扩廓帖木儿的威胁却是醉翁之意不在酒，实际上刘基对于淮西集团的同乡意识深恶痛绝。天下布武的时代已经过去，而重视民政的时代将由文人来主导。百废待兴之时却在中都大兴土木，此举除了彰显淮西集团的武勋、为故乡添彩之外毫无意义。在刘基看来，这种做法既不合时宜，而且

---

[1]《明太祖实录》卷九十九。

是在将国家据为己有。

有一回，朱元璋视察北京时，宰相李善长和御史中丞刘基留在南京拱卫太子。刘基平素一直主张宋元亡于纲纪废弛，因此他令麾下御史们不遗余力地弹劾犯错官员，并陆续上报皇太子施以责罚，由于御史的监察过于严厉，不少官员闻之色变。此时，李善长的部下中书省都事李彬枉法事发，为了包庇部下，李善长请求刘基网开一面。刘基断然拒绝，并向身在北京的朱元璋报告此事，获准后便将李彬斩首示众。自此，李善长便对刘基怀恨在心，一有机会便责难于他。

还有一次，李善长因触怒朱元璋遭到训斥，朱元璋欲革其宰相之位，此时刘基劝谏："善长勋旧，能调和诸将。"

朱元璋不解："是数欲害君，君乃为之地耶？吾行相君矣。"

不过，面对朱元璋抛来的入相诱惑，刘基固辞不受，坚持表示李善长方为宰相的最佳人选。这也是因为刘基深知，自己若是为相必将遭到淮西集团的强烈反对。

洪武四年（1371 年）正月，李善长因病归还相印。朱元璋本属意山西出身的中书右丞杨宪接任。虽然杨宪与刘基过从甚密，但刘基义正词严地表示反对："宪有相才无相器。夫宰相者，持心如水，以义理为权衡，而己无与者也，宪则不然。"[1]

随后，朱元璋又问刘基汪广洋、胡惟庸二人如何，皆被否决。无计可施的朱元璋遂脱口而出："吾之相，诚无逾先生。"不过刘基以"疾恶太甚"[2]为由固辞不受。

[1] 《明史》刘基传。
[2] 同上，疾通嫉。

后来，胡惟庸不知从何处知悉上意，遂与李善长密谈。

　　杨宪为相，我等淮人不得为大官矣。[1]

不久，杨宪便死在二人的陷害之下。

不仅如此，胡惟庸得知刘基在朱元璋面前指责自己便怀恨在心，他官至左丞相后，又诬告刘基致使其俸禄被夺。胡惟庸与李善长同出定远县，洪武六年（1373年）就任右丞相，当时左相空缺，他便趁机独揽相权。洪武八年（1375年），刘基染病，胡惟庸遣医者以探望为由将其毒害。

从刘基之死不难看出，建国之初明朝内部的权力斗争便已暗流涌动。其中，淮西集团和浙东集团的对立尤为明显，而浙东集团的代言人正是刘基。朱元璋利用两集团的明争暗斗把控着明初政治的大局，反过来说，当时的皇权也并非坚如磐石。因此，彼时的朱元璋尚未大权在握，难以完全地掌控官僚于股掌。实际上，他通过平衡各集团的利害关系，从而维持自己的皇位。

---

[1]《国初事迹》。

分封诸王

　　庙堂之争暂且写到此处，皇室内部"靖难之变"的祸根早在这时就已埋下。如上文所言，洪武二年（1369 年）九月，朱元璋以开封为北京、应天为南京、凤阳为中都，开创了三京制。明帝国的首都自然是南京，但是定都的过程却相当坎坷。最初就定都之事问计于群臣时，他们各有理由，有的人推荐洛阳，有的人推荐开封，还有的人推荐北平。但朱元璋力排众议决定定都南京，最大的理由是——如果另择国都必然大兴土木，到时候自然免不了一番劳民伤财。

　　结果，南京便成为明朝都城，但这又带来了新的问题——远在南方的都城要如何操控北方的军队呢？诚然，如今徐达、李文忠等人已将蒙古驱除并管理着北方军政，因此该问题看似并不棘手。但是，令手握强大军权的将领长期戍边实属不智，毕竟戍边将领成为一方军阀反制中央的前例不在少数。

　　自从经历绍荣等人的反叛后，朱元璋便十分在意功臣和将领们的一举一动。特别是明朝建立后，朱元璋赐予功臣特权的同时，也对他们加强了监管。洪武五年（1372 年）六月，朱元璋铸造铁榜，作《申诫公侯文》刻于其上，以此告诫功臣。该文共有九条，其中有三条是禁止功臣与军官私下勾结。可以看出，朱元璋忌惮的是功臣结党营私。尤其是在皇位并非坚如磐石的当时，这种危险确实不可不防。

为了解决国防问题，朱元璋决定将诸皇子分封于北方戍边。因为他深信，唯有自己最信赖的子孙们方才不会对皇权发起挑战。于是乎，洪武三年（1370 年）开始，朱元璋以三回分封诸王，合计二十四名亲王诞生（包括从孙靖江王则是二十五名）。第一回，分封了二子秦王到十子鲁王等九位藩王。其中，二子秦王朱樉封于西安（今陕西省）、三子晋王朱棡封于太原（今山西省）、四子燕王朱棣封于北平（今北京）。随着诸王长大成人，洪武十一年（1378年），他们陆续前往封地掌兵。

诸王可于封地开设王府，任用众多属官，还有权设王府护卫指挥使司，辖下护卫少则三千人，多则两万人，一旦有要事发生便可立即动员附近军队以解燃眉之急。特别一提，分封于长城沿线的诸王又被称为塞王，为防备蒙古侵攻，塞王的兵力尤为雄厚。其中，势力最大的三王为秦王、晋王、燕王。就燕王来说，他屡次奉命出塞扫敌，朱元璋曾言："清沙漠者，燕王也，朕无北顾之忧矣！"[1]

话虽如此，朱元璋也并非完全信赖自己的子子孙孙。诸王们在各自封地绝不能干涉民政，藩国的民众由中央政府所任命的地方官管理，而诸王每年只会获得定额的俸米。此外，藩王们在毫无缘由的情况下严禁与地方官接触。换言之，藩王们虽然被委以军政但绝不允许染指民政。这就导致藩王的地位依托于皇权，同时他们也被禁锢于各自的封地。

洪武十五年（1382 年）八月，马皇后身故。朱元璋以吊慰为名向各地藩王派遣僧侣，实则是借此窥探诸王的动向。但是坐上皇

---

[1] 《明太祖实录》卷二百一。

位令朱元璋连子孙都不再信赖，那么这皇位又给他带来了什么？或许，此时的朱元璋只是一味开始忧心藩王自立。

　　然而，即便朱元璋慎之又慎，待其死后，"靖难之变"爆发，燕王朱棣篡夺皇孙朱允炆（建文帝）之位登上大宝，是为第三代皇帝永乐帝。说来讽刺，分封诸王原本是为了皇权永固帝国安泰，到头来却将建文帝推进万劫不复的深渊。但是，如此的萧墙之祸没有发生在朱元璋有生之年，这也算是不幸中的大幸吧。

南人政权的自相矛盾

　　至正十六年（1356年），朱元璋攻取应天作为根据地后，不少知识分子前来投效。其中大多为江南的地主阶层，亦即元朝身份制中的南人，以朱氏政权当时的势力范围来说，这并不算奇怪。他们出仕朱元璋，不仅积极地为他出谋划策，而且对朱氏政权慷慨解囊。彼时的朱氏政权尚未具备成形的官僚队伍，每逢攻城略地便招募当地儒士授以官职。倘若没有他们的协助，发展朱氏政权不过空谈。此外，为了新政权的成立，即便没有仕官的地主们同样积极地向朱氏政权缴纳赋税。朱氏政权从江南地主阶层处获得了源源不断的人力物力，因此新朝的建立与他们的帮助密不可分。

　　在第一章中曾提到过，元朝统治下的南人属于底层，几乎与政治无缘。元末时，这种情况虽然有几分好转，但南人自然不会就此止步，毕竟江南无论经济还是文化都处于全国顶尖。因此，他们投身于建立新朝的大业，这也意味着他们将亲手打破过去的枷锁，与曾经的冷遇挥手作别。并且，在朱元璋的霸业中，他们成为政权的主体，独据政府要职。换言之，朱氏政权的出现对南人来说不啻一场及时雨。

　　中国国土辽阔，南北泾渭分明，在气候和风俗等方面都有着不小的隔阂，因此，农业形式及生活习惯等方面的差异也十分显著。就农业而言，以淮水为界，淮北以麦作为主，淮南则以稻作为主，随之而来的是饮食习惯的差异，北方以面食为主，南方以大米为主。同时，在这些差异下，双方均萌发出同乡意识，这自然而然演变为南北对立。

过去的中国社会以华北为中心（中原），南北对立的局面并未出现。但是，随着江南一带的发展，其经济与文化的重要程度正不断攀升，南北对立的倾向愈加明显。特别是宋代以后，得益于水田的出现和作物一年两收的普及，江南一带的生产力突飞猛进，随着土地私有制的大发展，江南在文化领域也开始凌驾于华北之上。于是，政治中心在北、文化经济中心在南的格局就此形成。但是随着华北被北方的金国统治，在南宋时期，政治中心与经济文化中心也在江南合二为一。在元朝备受冷遇的南人正是江南居民。

诚然，明朝的成立，意味着南人再次掌控大权，同时首个政治、经济、文化三者合一的大一统帝国横空出世。但这并不代表南人内部铁板一块，在政权内部，淮西集团和浙东集团相互倾轧。南人的凝聚力非常微弱，他们怀着各种各样的想法聚集到朱元璋的麾下，对于他们而言，定都南方的明朝无疑代表着他们的利益。经由朱元璋之手，他们长久以来的愿望得以实现，就这一点来说，明王朝也带有浓厚的"南人政权"的色彩。

但是，南人政权成立之初便伴随着巨大的矛盾。原先，元朝治下的江南地主阶层为了维护自己的既得利益，积极地支持朱氏政权。所谓既得利益指的是大片土地的所有权和对基层社会的统治力，前者是地主们钻了元朝体制的空子，而后者则离不开他们经年累月的经营。为了建立政权，朱元璋对他们的既得利益秋毫无犯，以此来获取江南地主阶层的支持。因此，在明朝成立之初，他们的势力都原封不动地保留下来。

地主们最希望看到的情况莫过于南人官僚在地方和中央占据主导，他们理所当然地认为自己的代言人参加了朱氏政权，因此两者的关系自然异常紧密。他们不仅偷税漏税，还以各种非法手段来扩大既得利益。再者，凭借地方官的独断，他们便可以轻而易举地完成篡改账簿等违法行为。此外，从官场之便的角度考虑，官僚也会尽可能选任南人为官，通过当时盛行的推荐制，南人官僚与日俱增。

　　明朝建国伊始，江南地主和南人官僚形成了一种结构性的同盟，并且这种倾向越来越明显。淮西集团想将国家私有化，江南的地主阶层则是将明朝作为谋利的工具。新王朝诞生后，曾经志同道合的人们为了争夺私利，竞相陷入尔虞我诈的世界。

着手改革

为此忧心不已之人正是御史中丞刘基。某日，他向朱元璋进言道："自元氏法度纵弛，上下相蒙，遂至于乱。今当维新之治，非振以法令不可。"

刘基觉得为了纠正元末的腐败，当务之急是转变人们的意识。犯罪便应受到惩罚。唯有树立这种意识，人们才会因恐惧而安分守己。"刑期于无刑"[1]阐述的便是这个道理。

对此，朱元璋表达了不同看法："不然。夫经丧乱之民，思治如饥渴之望。饮食创残困苦之余，休养生息犹恐未苏，若更驱以法令，譬以药疗疾而加以鸩，将欲救之乃反害之。且为政非空言要，必使民受实惠，若徒事其名而无其实，民亦何所赖焉。"

聆听众多儒者的教诲后，朱元璋的性格已然成熟，如今的他对于古代圣贤充满向往。因此，初登大宝的朱元璋自然想要效仿古代圣贤重现圣王时代，此时的他正踌躇满志，跃跃欲试。此外，朱元璋这样思量还有一个原因：明朝成立伊始，一开始便以重典治世恐会动摇大明的根基，现阶段仍应该专注于休养生息，恢复民力。

但是如果完全放任自流，遗毒只会越来越深。为此，朱元璋从官场和乡村双管齐下着手进行当下力所能及的改革。

---

[1]《尚书·大禹谟》。

改革的第一个阵地是官场。洪武四年（1371年），为了解决官僚和地主私相授受的问题，朱元璋下令严禁官僚收受贿赂，违者以刑法论处。为彻底消除问题，十二月朱元璋下令实施"南北更调"。南北更调即是一种避嫌的制度，选任南人官吏去北方当地方官，选任北人官吏去南方当地方官，以此来斩断官僚与乡绅地主的勾结。特别是江南一带，地方官多为南人，这造成了严重的社会问题。因此，"南北更调"的实施意在将南人官僚调离江南一带。

对于江南的地主阶级，朱元璋采取了平易近人的"训诫"。洪武三年（1370年）二月，他命令江南富民每户出一人前来南京奉天门谒见。当时，他如是勉喻众人：

> 汝等居田里，安享富税者。汝知之乎？古人有言，民生有欲，无主乃乱，使天下一日无主，则强凌弱，众暴寡，富者不得安，贫者不能自存矣。今朕为尔主，立法定制，使富者得以保其富，贫者得以全其生，尔等当循分守法，能守法则能保身矣。毋凌弱，毋吞贫，毋虐小，毋欺老，孝敬父兄，和睦亲族，周给贫乏，逊顺乡里，如此则为良民。若效昔之所为，非良民矣。[1]

朱元璋为富民树立了理想的榜样，并说服他们走上国家所希望道路。

洪武四年（1371年）九月，江南一带开始实施粮长制。将每纳粮一万石的地区划分为一区，从该区民众中选一名粮长，并由他负责在辖区内征收赋税并上缴至指定仓库。过去，这项工作本由政府的胥吏来完成，但胥吏榨取民众的现象过于严重，朱元璋斟酌之

---

[1]《明太祖实录》卷四十九。

164

下决定交由民众自行负责。

粮长一般从富民中选择，这一点也说明政府希望他们成为基层政治的领袖来协助政府。实际上，在当时粮长享受与官僚同等的待遇，服装也与官僚无异，被允许乘轿出行。此外，被任命为粮长同时也是一种荣誉，唯有富户中的知识分子方能担任。朱元璋本想借此向乡村基层社会中具有较大影响力的富户们授以权威，用民治的方式来辅助官治。

开国之初的种种举措，无论是严禁受贿，还是训诫富民，都是为向他们传达国家的方针，同时要求他们守法自重，但对于现有的弊害却仍缺乏有效的对策。并且，任命富民为粮长也相当于承认了他们的合法地位，从中不难看出朱元璋借力的意图。在他看来，新朝成立，民众们应该团结于新政权下高歌猛进地建设新国家。他甚至认为，只要为民众指明前进的方向，他们就会聆听圣贤的教化，向着国家所希望的方向迈进。朱元璋早已对儒者们所描述的圣王故事耳熟能详，古代圣王便实现了这样的社会。那么既然圣王能行，自己没理由不行，当时的朱元璋对于大明的未来仍抱有一种相当乐观的期待。

十一
朱元璋的苦恼

矛盾扩大

然而事与愿违，状况反而不断恶化，官僚和地主依旧狼狈为奸，腐败之风滋生蔓延。前者以权敛财，罔顾社稷；后者为一己私利出入府衙，频频行贿。他们对元末官场的游戏规则了如指掌，如今更是将之原封不动地搬到新朝。

令朱元璋大失所望的还不止于此，原本被寄予厚望的粮长制也初现弊端。该制度本是他根据以民治民的原则所制定的，其目的在于根绝基层政府的腐败。但是，粮长的特权反而成为某些人手中的利器，他们对农民采取高压手段，为了征税不仅动用刑具，甚至借此索贿，引得民怨四起。

在粮食主产区的苏州，这种现象尤为严重。洪武六年（1373年），朱元璋命人将恶行累累的数名粮长处以杖罪并发配中都。他本想借此杀鸡儆猴，但效果并不理想。此后，粮长制贻害不绝，这也令朱元璋的焦虑有增无减。

这种矛盾也出现在他最为信赖的功臣之间，甚至还不断扩大。洪武三年（1370年），朱元璋将南京周边的大量土地赐予开国功臣，令他们从此跻身地主阶级。据统计，向他们租地的佃户多达三万八千一百九十四户。其中，位列第七的功臣汤和，其名下田土就有一百顷之多。洪武四年（1371年），朱元璋又将中都周边的土地赐予功臣和宰相，其总面积为六百五十八顷。

成为大地主后，功臣们便将土地交由家奴管理，这些家奴又称管庄人。然而，这伙人却仗着主人的权势侵占田产，令周边民众苦不堪言。不仅如此，一些功臣亲眷也开始目无王法。他们倚势凌人、鱼肉乡里，犯下的罪行可谓罄竹难书。对此，朱元璋自然不会姑息，正如前文所言，他于洪武五年（1372年）六月，铸铁榜训诫功臣，希望通过严刑峻法来约束他们的不法行为。

与此同时，名利双收的功臣们也日渐骄逸。为表彰徐达的功绩，朱元璋曾将南京一处宅邸赐予他，并送匾额"大功坊"悬于门楣。某日，淮西二十四将的吴良、吴祯白日醉酒，路过徐达门前时趁着酒劲将匾额毁于一旦。事后，朱元璋向二人询问缘由，二人这样答道："臣等与徐达同功，今独达赐第表里，且称大功，陛下安乎？"[1]从这番话便不难看出，他们早已将征战天下时的赤诚之心遗失殆尽。

然而，淮西二十四将中，懈怠的又岂止这二人。华云龙驻守北平，讨伐北元残党时，不仅居住在元朝丞相脱脱的府邸，还擅自享用元廷宫中的御用之物。这种越权的行为显然有蔑视皇权之嫌，怒不可遏的朱元璋即刻召其返京，并另遣他将。结果华云龙在途中暴毙而亡，也有人认为他或许是畏罪自杀。

此外，费聚的表现同样令朱元璋忍无可忍。当时，明朝正于北方大兴屯田，负责指挥的将领每年都必须完成规定的收获额。轮到费聚当值时，他便每日沉迷酒色，无所事事。朱元璋大怒，革其职务，后又命其戴罪立功，招抚北方的蒙古人。可是，费聚依然漫不经心，寸功未立。结果，他被朱元璋召回南京狠狠地训斥一番，但并未受

---

[1] 祝允明《野记》卷一。

到其他责罚。

时移世易，功臣宿将渐渐居功自傲，曾经令行禁止的朱氏军团也难逃物是人非的宿命。当然，也有像徐达这般谨言慎行、为人持重的功臣，但大部分人挟权倚势、目空一切，这种做派也引发了新的社会问题。如何制约功臣是朱元璋前进路上绕不开的一道关卡，如今这个久悬不决的难题重重地压在了他的心头。

停罢科举

为解决南人政权的诸多矛盾，朱元璋首先停罢了科举制度。

早在明朝建立之前的吴元年（1367年）三月，政府便已宣布在三年后开科取士。之所以间隔三年时间，一方面是为了给考生准备时间，同时政府也必须借此机会进一步完善科举制度。此后，以刘基为首的文臣们开始负责制定考试科目及实施计划。最终，他们决定以八股取士，所谓八股指的是一种格式复杂的排偶文体。

洪武三年（1370年）五月，实施科举的诏书如期而至。该诏书由宋濂和其同乡王祎共同拟定。以下截取部分：

> 朕闻成周之制，取才于贡士，故贤者在职，而其民有士君子之行。是以风淳俗美，国易为治，而教化彰显也。汉、唐及宋，科举取士各有定制然，但贵词章之学，而不求德艺之全。前元依古设科，待士甚优，而权豪势要之官，每纳奔竞之人。夤缘[1]阿附，辄窃仕禄，所得资品或居贡士之上。其怀材抱道之贤，耻与并进，甘隐山林而不起风俗之弊，一至于此……自今年八月为始，特设科举，以起怀才抱道之士，务在经明行修，博通古今文质得中，名实相称，其中选者朕将亲策于庭，观其学识，第其高下，而任之以官，果有才学出众者，待以显擢，使中外文

---

[1] 译者注：夤（yín）缘，此处比喻攀附权贵，拉拢关系。

臣皆由科举而选，非科举者毋得与官……[1]

诚如诏书所言，朱元璋筹谋已久的科举制度重"德艺之全"而轻"词章之学"。该方针无疑是他对当时官场的一种反思。他认为，为官最重要的是德行，德不配位才是腐败成风的根源。最后，诏书更强调"非科举者毋得与官"，由此可见，朱元璋对科举制度寄予厚望，他希望科举能成为选拔有德之才的利器。

这一主张，同时也代表了以刘基为首的浙东学派的想法。在本次科举的实施中，除刘基和王祎之外，宋濂也参与其中。因此，他们渴望通过科举来实现平素的理想，这种想法不足为奇。实际上，建国以来，他们便忙于重塑礼法，为实现以德治国而努力至今。但是，他们还缺少一支能够遵循礼法来治理国家的官僚队伍。从这个意义上来说，浙东学派之所以积极参与，正是因为他们想借朱元璋之手向天下阐述德治的理念。

洪武三年八月，各省同时举行乡试，在翌年的会试和殿试中共有一百二十人进士及第。似乎是正值新朝的官僚队伍青黄不接，在会试之前，通过直隶乡试的七十二名举人直接被授予御史之职，同年正月，朱元璋又令各行省连试三年。由此，洪武四年（1371年）八月，各地举行第二次乡试，并且通过此次乡试的举人不再需要参加会试便可直接仕官。

第三次乡试于洪武五年（1372年）八月举行。但是，当举人们于翌年二月赴京赶考之时，迎接他们的却是一纸停罢科举的通知。

据《明太祖实录》记载，朱元璋曾向群臣表达了对科举的失望：

---

[1]《明太祖实录》卷二十五。

朕设科举以求天下贤才，务得经明行修文质相称之士，以资任用。今有司所取多后生少年，观其文词，若可与有为，及试用之，能以所学措诸行事者甚寡。朕以实心求贤，而天下以虚文应朕，非朕责实求贤之意也。今各处科举宜暂停罢别，令有司察举贤才，必以德行为本，而文艺次之，庶几天下学者知所向，方而士习归于务本。[1]

被寄予厚望的科举制度短短三年便中道而止，这背后也折射出及第者有才无德的现实。科举并未选拔出朱元璋所期待的"德行之士"，脱颖而出的尽是些专重文辞而无实学的后生少年，这令他大失所望。

但是，停罢科举的深意不止于此，朱元璋还希望借此来阻断南人的入仕之道。所谓的"专重文辞而无实学的后生少年"，指的便是那些居住在文化发达地区的南人。洪武四年诞生的一百二十名及第者中，南人多达八十八名，占据全体的四分之三。而南人正是明初政治百弊丛生的罪魁祸首，这也令朱元璋愁眉不展。如此下去，科举制度必将沦为选拔南人官僚的工具。无计可施之下，他唯有痛下决心停罢科举。

朱元璋的想法得到了浙东学派的支持。科举停罢的一个月前，出于任用北人的想法，他从第三次乡试的及第者中选中九人授以翰林编修，他们均是来自河南及山东的北人。但是就学问而言，他们则远远不及南人。于是，朱元璋命宋濂在文华堂为他们讲学授课。其间，他本人也经常前往，亲自考校他们的学习进展。宋濂深悉上

---

[1]《明太祖实录》卷七十九。

意，于是倾囊相授，得益于此这几人的学问突飞猛进。

洪武六年（1373年）四月，朱元璋下诏举士，并明言不分南北。自洪武八年（1375年）以来，政府便多次向北方的官学派发儒家经义，并派遣儒者讲经授课，从中也可以看出朱元璋决心非同一般。因战乱沦为焦土的华北地区在文化方面远逊于南方，他希望通过这些措施来弥补南北的文化差距。其间，科举中断了十年之久，直至洪武十七年（1384年），明朝才重新开科取士。

以纸币控制江南经济

第一章中曾讲到，元朝为挽救摇摇欲坠的国家财政而滥发纸币，结果导致通货膨胀。元末时纸币与废纸无异，以物易物再度盛行于民间，自然经济重回主导地位。

为应对这种状况，至正二十一年（1361年）朱氏政权于应天府设立宝源局，铸造大中通宝，与历代钱币兼用。作为一个新生的政权，他们自然有义务回应民众之所需。后来，政府又在江西设立货泉局，同样负责铸造大中通宝。

明朝成立后，政府于洪武元年（1368年）开铸洪武通宝，共计八千九百万枚，与历代钱币兼用。洪武通宝行五等钱制，分别为一钱、二钱、三钱、五钱和一两。此后直至洪武八年（1375年），明朝每年的铸币量均维持在两亿文上下，远少于北宋。后者在鼎盛时期的铸币量多达一百万缗[1]（1缗等于1000文）。因为铸币量少，明朝常因铜钱不足而困扰。

随着国内趋于安定，工商业重新复苏，商人的活动也日渐频繁，商品交易额自然也不断攀升。但是，大量铜钱携带不便故难以用于大额交易，因此便需要一种面额大而重量轻的货币。当时，在江南一带一般使用白银交易，白银不需要像铜钱一般铸成硬币状，每逢

---

[1] 译者注：缗（mín），古时用绳子将铜钱串联起来。

交易，便将由白银铸成的银锭放在天平之上称量。

早在元朝时，以银锭交易的方式便盛行于江南一带，由于此地的富商巨贾竞相囤积，导致大量白银流入江南。据说，传闻中富可敌国的沈万三在归顺朱元璋后，便被要求每年上缴五万两（1两约等于37.3克）白银。其价值大体相当于元朝国库一年的银两收入，这个数字虽说有夸张的成分，但也足以说明，江南的富商巨贾所积累的白银即便不如沈万三，想必也为数不少。扫平张吴国后，朱元璋强迫众多富民移居中都，这也意味着朱吴国的国库必定收缴了数额巨大的白银。

到了明朝，江南的经济形势依旧如故。因为铜钱紧缺，大额交易必定以白银进行。但是，白银却并非明朝的法定货币，只不过是民间自发流通的交易媒介。因此就本质而言，白银与那些瞒着国家擅自流通的私铸钱无异。白银交易之所以能长盛不衰，其原因在于白银作为一种贵金属，其本身便具有价值，即便没有国家的保障也能流通无阻。

但是这种情况对朱元璋来说相当不利：若是江南的交易均用白银结算，那么国家便没有插手的余地，长此以往，江南经济或将脱离中央自成一体。更何况在当时的江南，亟待解决的问题堆积如山，如果朱元璋想要消除南人对于大明政权的影响力，那么限制白银的使用刻不容缓。

为打破困局，朱元璋通过订立钞法来掌控江南经济。洪武七年（1374年）九月，他于南京设立宝钞提举司，并于翌年正式发行纸币。这套纸币借鉴了元朝的交钞，名为大明通行宝钞，其面额共有六种，分别为一百文、两百文、三百文、四百文、五百文和一贯（1000文），而一百文以下则使用铜钱。顺便一提，当时钞钱银米的兑换比价处于一贯钞：一千文钱：一两银：一石米的平衡状态。

随着大明宝钞的发行，政府禁止使用白银交易，并鼓励民众用金银兑换纸币。之前的比价就是为此而定，明朝希望借此尽可能减少在民间流通的白银。此外，为使宝钞顺利流通，政府利用商税源源不绝地将其回收，当时的商税兼收钱钞，比例为钞七钱三。

值得注意的是，与前朝纸币不同，大明宝钞是一种不兑换纸币[1]。元朝在实行纸币一元化的货币政策时，政府会准备白银和丝绸作为兑换准备金（钞本），后来由于准备金不足才导致交钞变成不兑换纸币。但是明朝的情况略有不同，为了彻底禁止白银的流通，并确保对江南经济的绝对掌控，大明宝钞从发行之初便是一种不兑换纸币，政府从未准备过兑换准备金。或许他们认为，若是以国家强权为后盾，不兑换纸币便能具有持久而稳定的购买力。

然而，事态的发展大大超乎了朱元璋的预料。不兑换纸币的特性果然是致命的，大明宝钞逐年贬值。从它与铜钱的兑换比价来看，洪武二十三年（1390年），其所能兑换的铜钱仅为最初的四分之一，到二十六年（1393年）则降至六分之一。政府曾数次下令禁用白银交易，但收效甚微。此后，大明宝钞仍不断贬值，以至于明朝不得不出台措施加以补救。即便如此，也难以挽回颓势，明朝中期以后，白银逐渐货币化，如同废纸的大明宝钞则黯然退场。到头来，以大明宝钞控制江南经济的政策以失败告终。

---

[1] 译者注：不兑换纸币是指由政府发行的不能兑换成黄金白银的纸币，其购买力源于政府的权威和信誉。

朱元璋的焦虑

朱元璋很是烦恼，建国以来实施的诸多改革收效甚微。尽管他三番四次地训诫官僚和富民，但他们仍不知收敛。不堪欺压的农民奋起反抗，各地的叛乱此起彼伏。看着帝国乱象，忧心忡忡的朱元璋不知不觉便迁怒于周遭之人。他的性情原本就有些喜怒无常，平日动辄暴跳如雷，而最近这种情况发生得也越加频繁。

官僚成了朱元璋倾泻不满的首要目标，在朱元璋的注视下，他们必须谨小慎微，稍有差池便会立刻遭到处罚，甚至于发配中都。负责编纂《元史》的翰林编修张宣原本深受朱元璋信任，曾被其唤作"小秀才"，但是一朝坐罪于洪武六年被谪贬中都。这样的例子不胜枚举，因为无关紧要之事被流放或处死的官员日益增多。吴中四杰之一的高启曾官至户部侍郎，洪武八年他辞官回到故乡苏州，恰逢当地改修府治，因此作《郡治上梁文》以示祝贺，后因其文句或有谋反之嫌，被处以腰斩而亡。

此外，相较于从前，朱元璋对官僚的监视也更为严密。负责监察事宜的鹰犬是朱元璋的直属特务，名为检校。他们奉命监控朝廷内外的大小府衙，事无巨细均要向朱元璋汇报。而监控的对象则是除皇帝之外的所有人，没有例外。

某日宋濂在家中宴客饮酒，翌日朱元璋便询问宋濂，昨晚饮酒否，坐客为谁，又以何物招待。宋濂具以实对，朱元璋笑曰："诚然，卿不朕欺。"[1]

朱元璋的所作所为显然正渐渐脱轨，以德治国的理想渐渐蒙尘，取而代之的是以严刑峻法来统治臣民的帝王之姿。实际上建国之初，刘基便提议朱元璋重典治国，但被他否定。不过后来的状况，令朱元璋再难贯德治的理想。于是，他一改往日温和的作风，大刀阔斧地开始改革，其手段之残酷远超刘基的预想。

在此之前，刘基辞官归田，隐姓埋名居于青田乡间，每日唯饮酒弈棋。有一天，乔装为农夫的青田知县慕名而来，正于门前濯足的刘基见他风尘仆仆便热情相邀，二人遂入内同席。席间知县吐露身份，刘基大惊，立刻起身作揖，自称小民不宜同席，言毕便离席而去，再也没有露面。为避免朱元璋猜忌，刘基循规蹈矩，不敢有半分逾越。

可是，即便如此他依旧逃不过胡惟庸的报复。对于曾经贬低过自己的刘基，胡惟庸一直怀恨在心，他曾指使下属向朱元璋弹劾刘基："谈洋地有王气，基图为墓，民弗与，则请立巡检逐民。"[2]

朱元璋虽不至于就此降罪，但还是削夺了刘基的俸禄。刘基惊惧，急忙入京谢罪，后来为自证清白索性定居南京不再归乡。

对于以刘基和宋濂为首的浙东学派来说，如今的朱元璋已然面目全非。他们曾希望通过辅佐朱元璋来实践自己的政治理念，这种想法显然已经落空。天下统一后，朱元璋开始依靠"酷法治国"，这对于秉持"以德治国"的他们而言不啻一场噩梦。诚然，他们希

---

[1] 《明史·宋濂传》。

[2] 《明史·刘基传》。

180

望建立中央集权，以此来重塑秩序。但是，大权独揽的朱元璋却开始滥用权力。两者渐行渐远，浙东学派的理想再也无法左右朱元璋的行动。

不仅如此，朝堂之上，为求前程对朱元璋曲意逢迎之辈更是层出不穷，中书右丞胡惟庸和御使大夫陈宁均属此列。在刘基看来，正是这些奸佞之臣在混淆视听。于是，回乡养病的刘基将一封遗表交与次子刘璟并嘱咐道："夫为政，宽猛如循环。当今之务在修德省刑，祈天永命。诸形胜要害之地，宜与京师声势连络。我欲为遗表，惟庸在，无益也。惟庸败后，上必思我，有所问，以是密奏之。"

洪武八年（1375年）四月，一代谋臣刘基的人生就此谢幕。据传刘基死于胡惟庸之手，当年他在南京抱病时，胡惟庸曾以探病为由下毒谋害。刘基之死同时也宣告了一个时代的终结。

十二
确立独裁体制

空印案

  时为洪武九年（1376年），经历草创伊始的混乱期后，大明帝国的目光终于从攘外转向安内。先说外政方面，从大都败退的北元虽然仍旧盘踞在哈拉和林。但是，洪武八年（1375年）八月，由于重臣扩廓帖木儿身故，北元残党就此一蹶不振。以此为契机，一直对华北地区实行军政管辖的明朝政府，召回诸将，令傅友德戍边，自此外政告一段落。至于国内，荒废多年的土地开始复耕，在江南一带，随着以粮长制为代表的各种制度依次落地，赋税和徭役制度也进一步得到完善。如此，国内外均趋于安定，朱元璋的计划即将进入下一阶段。

  当时，全国共有十二个行中书省（行省），其辖下地域被称作"省"，省以下还设有府、州、县等各级行政区划。明朝几乎原封不动地继承了元朝的行省制，现代中国的行政区划也是由此脱胎而来。换言之，明初时行中书省总领省事，其下各级地方政府均须受其管辖。

  这些地方政府每年都必须派遣胥吏，前往户部报告地方的财政收支。若是经核对后发现账目有误，则必须重新填造后，盖上地方官的大印方能再次提交。但是，对于偏远地区的政府来说，这项规定执行起来却费时伤财。为此，他们会事先准备好盖过官印的空白文册以备不时之需，这种做法也是多年来的惯例。可谁也没料到，朱元璋竟会拿它开刀。

以地方官借空印文册营私舞弊为由，朱元璋不仅追究携带空印文册的胥吏之责，同时还严惩了省、府、州、县各级的主印官员。对地方官的查处从洪武九年年初一直持续到夏季，受此案牵连而撤换的地方官和胥吏多达数千人，他们杀的杀贬的贬无一幸免。这便是轰动一时的"空印案"，其办案手段也相当之残酷，不管是否属实，一旦被御史弹劾，转眼之间官员便被抓拿问罪。

实际上，朱元璋是想借"空印案"来消除南人政权的弊端。如今，最令他头疼的问题无疑是官僚和地主的勾结，特别是在江南一带，当地官员多为建国之时任用的本地人，因此这种情况尤为严重。为此他一直都在遏制南人入仕，然而，不管是停罢科举还是南北更调都无法彻底解决这个问题。

对此，朱元璋也曾三令五申、多措并举，甚至不惜酷刑相加，杀一儆百。但是，这种官场弊风早已深入骨髓，没过多久他们便又故态复萌。因此，不胜其烦的朱元璋准备为地方官来一次"大换血"，通过任用新的官员来拔除这些沉疴。大明建国后的第九年，一场改革的风暴即将席卷整个官场，而那些沾染了元末弊风的官僚首当其冲。

从案发后的一系列处置便足以看出，空印案实则是由朱元璋一手策划。事后，不仅地方官被大规模撤换，连地方的行政制度也焕然一新。当时地方的最高行政机构为行中书省，作为中书省的外驻机构，行中书省总领一省的民政、军政，其首脑平章政事在地方上一手遮天。而以中央集权和加强皇权为目标的朱元璋虽然承袭了前朝遗制，但对于行省分权的危险性却并非毫无认识。此外，行省辖下的地方官正是造就明初贪腐之风的元凶，因此朱元璋决定废除行省制倒也理所当然。

　　洪武九年六月，明朝于各省设立承宣布政使司、提刑按察使司、都指挥使司。其中，布政使司负责一省民政，按察使司兼具司法和监察职能，都指挥使司则总领一省军政。至此，行中书省退出历史舞台，三权分立的体制正式确立使皇权得到了进一步加强。朱元璋在谋求对地方政治重新洗牌的同时，终于废除了前朝遗制进而建立起明朝独创的制度。

知识分子的抵抗

空印案和随之而来的官僚机构改革，令各地官员陷入混乱。他们在朱元璋的屠刀之下惶惶不可终日，喊冤叫屈之人层出不穷。其中，面对朱元璋的强硬做法悍然发声的正是那些平素对他多有不满的浙东知识分子。洪武九年（1376 年）闰九月，恰逢星变，朱元璋下诏求言，趁此机会，他们的不满瞬间喷发。其中最具代表性的一人名为郑士利，是地方官学的生员（俗称秀才）。

郑士利，字好义，浙江省宁海县人，身上无官无职，不过是宁海县学的一介生员。他决定上奏朱元璋的直接原因是，其兄郑士元受空印案牵连入狱。历任河南省怀庆府同知等职的郑士元是一位性格刚直的实干派，曾经因某事得罪御使大夫陈宁，被后者遣人诬告，以空印罪入狱，这毫无疑问是欲加之罪。

救兄心切的郑士利连夜赴京，寻找机会上奏。后来，洗脱罪名的郑士元从流刑地返回，但郑士利仍不改上奏之心。奏疏完成之日，他对兄长之子如同交代后事般说道："吾有书欲上，触天子怒，必受祸。然杀我，生数百人，我何所恨！"言毕，他便前往相府叩门请求面圣。当时的丞相正是胡惟庸。看着眼前视死如归的少年，胡惟庸厉声质问："所言云何。"对此，郑士利面不改色地抗辩："吾将见上言事，丞相何问焉！"[1]胡惟庸被其气势所慑，找来陈宁向

---

[1] 方孝儒《宜隐轩记》。

朱元璋呈上郑士利的奏疏。

郑士利的上书大致可概括为以下三点：其一，空印由来已久，在没有明令禁止的情况下，问罪官员实属不妥；其二，需要向中央提交的文书数量庞大，出现错误也在所难免，若是返回地方再行修正，则一来一回极为费时，因此才有先印后书的权宜之计；其三，文书往来的规矩繁多，于途中以此为奸显然不可能。

看完奏疏的朱元璋怒极，立即命胡惟庸和陈宁逼问起主使者。郑士利坦然笑曰："顾吾书足用否耳。吾业为国家言事，自分必死，谁为我谋？"[1]

郑士利上书直言，请求朱元璋平反冤假错案。但是，他的破釜沉舟之举并没有为空印案带来转机，不久兄弟二人便双双被发配至南京以北的江浦县。空印案愈演愈烈，株连甚广，一介生员想要力挽狂澜自然是不可能的。

直言上谏者除了郑士利，还有同出浙江宁海的叶伯巨，但是后者的下场远比郑士利来得凄惨。叶伯巨，时任山西省平遥县学训导，朱元璋下诏求言时，他呈上万字书。其内容归纳起来共有三点：其一，阐述诸王分封制的风险；其二，指明滥用刑罚之弊害；其三，抨击明朝政府求治太速。借星变之机，叶伯巨将他对政治的不满一吐为快。

叶伯巨的奏疏中着墨最多的要数诸王分封的问题，当时他便早已预见，诸王的存在迟早会阻碍明朝的发展。极具先见之明的叶伯巨更是在书中力谏朱元璋对诸王的权力加以制约，但是这条建议同时也令朱元璋气急败坏。

---

[1]《明史·郑士利传》。

史载，朱元璋看过奏疏后怒极，连呼："小子间吾骨肉，速逮来，吾手射之！"[1]

　　结果，叶伯巨被连夜押解至南京，等待他的原本是死刑。或许是因为对事态发酵略感不安，丞相胡惟庸认为不妥，他趁朱元璋心情不错时上奏此事，叶伯巨因此免于死刑而被投入刑部大牢。但是，入狱后因为食不果腹，不久他便饿死狱中。朱元璋死后不久，叶伯巨的担忧果然一一应验。

　　郑士利和叶伯巨同出宁海，除此之外还有一人被牵连其中。他便是建文朝的名臣方孝孺，永乐帝誓师"靖难"入主京城后，他因拒不投降被凌迟处死。其父方克勤原为山东济宁知府，因空印案牵连含冤被发配江浦。方孝孺希望能代父受过，因此赶赴南京。

　　他在南京与郑士利相识，二人互通有无并各自为营救亲眷而奔走。方孝孺本想与郑士利一样上书直言，但苦于找不到合适的机会。在日复一日的等待中，通过父亲的引荐他前去拜访宋濂，此举同时也决定了他今后的人生轨迹。宋濂看过方孝孺带来的文章当即断定他身怀大才，遂收为弟子留在府上。当时的宋濂已经六十有七，而方孝孺不过是弱冠之龄的少年。师从宋濂的时光中，方孝孺渐渐继承了金华学派的正统。在这里，他邂逅了影响他一生的恩师。

　　可是，方孝孺始终没能等到上疏的机会，不久方克勤便死于狱中，方孝孺拜别恩师，扶枢归乡。后来，宋濂也辞官回到金华浦江，为了完成未竟的学业，他再次来到恩师门下，这一待便是三个寒暑。其间，他废寝忘食、孜孜不倦，学成之后便再度返回宁海。恰巧此

---

[1] 《明史·叶伯巨传》。

时，郑士利也被赦免归乡，一转眼已是阔别三年，二人促膝长谈。但是一提及空印案，郑士利的脸上瞬间阴云密布，方孝孺看在眼中。短暂的沉默后，悲从中来的郑士利以略带颤抖的语调缓缓说道："学未知道，而多言，此吾过也！"

此时的他与曾经那个敢于在相府门前据理力争的少年判若两人。服刑期间，老父离世、兄长也在发配地身故，为此他深自悔咎，变得沉默寡言。这种转变或许理所当然，在明知会因言获罪，甚至被杀的情况下，莫非仍要继续直言不讳吗？当时的朝局动荡，人人自危，知识分子的批判精神也在这种世道中被消磨殆尽。

后来，方孝孺作《叶伯巨郑士利传》，将二人的事迹留于后世，该文被收录于《逊志斋集》。当时，浙东知识分子唯有通过这样的方式来表达他们的抵触之情。

胡惟庸案

空印案事发之后，宰相胡惟庸和御使大夫陈宁在朝内渐渐坐大。在此案中，他们揣摩圣意，摇身一变成为打压地方官的急先锋。其中，陈宁更是因一己私愿诬告郑士元。方孝孺在《郑士利传》中写道："丞相大夫皆知空印者无它罪，可恕，莫敢谏。"可是事实上，在此案中他们作为朱元璋的代理人积极地推动了案件的发展。二人将犯官陆续不断地投入御史台的大狱，不遗余力地肃清牵连者。

胡惟庸出身定远县，为李善长同乡，在平定和州时加入朱元璋麾下。此后，他利用淮西集团的人脉步步高升。洪武三年（1370 年），胡惟庸被擢升为中书省参知政事，随着原右丞相汪广洋的失势，洪武六年（1373 年）七月，他官拜右丞相。此后七年间，胡惟庸大权独揽，加之他为人机敏、善于钻营，在小心翼翼地讨得朱元璋的欢心后，便仗着宠信开始独断专行。他不仅手握官员的生杀大权，更是肆意查阅内外奏疏，若有不利于自己的便私自截留。其权力之大以至于求官者和犯事官员争相以金银贿赂，相府门前一度门庭若市。

有的人对胡惟庸的做派深恶痛绝，徐达就曾劝谏过朱元璋，刘基也曾反对过胡惟庸为相。但是，他们的话最终被朱元璋当成了耳边风，刘基身故后胡惟庸愈加跋扈。不仅如此，为巩固自己的势力，他还与开国元勋李善长结为姻亲，借此换取淮西集团的支持，由此也足见其为人之精明。

胡党之狱的另一位关键人物名为陈宁，他经胡惟庸推荐，得以前往御史台任官。陈宁，湖南茶陵人，加入朱元璋麾下后，履历丰富，曾官至山西行省的参政。其为人冷酷，在担任苏州知府时，为杀鸡儆猴，便经常对滞纳税粮的农民施以烙铁，故得名"陈烙铁"。在御史台任职时，他更是将这项本领发挥得淋漓尽致，其用刑之严苛较过去有过之而无不及，甚至于连朱元璋都屡次责备。但是陈宁依旧我行我素，其子陈孟麟亦数次从旁规劝，陈宁大怒之下竟将其活活鞭死。陈宁对待亲子尚且如此，其残暴成性着实令世人震恐。

　　在空印案案发之时，胡惟庸和陈宁日渐专横，他们仗着朱元璋的信任，在中书省和御史台遍植朋党，横行无忌。那时的明朝政府仿佛已经改名换姓一般，他们的专权简直无人可阻，而当时的朱元璋则故意对胡党的行径视而不见。他们看似前途无量，实际上在不远的前方，朱元璋已经为他们准备了一个出其不意的陷阱。

　　洪武十三年（1380 年）正月二日，胡惟庸和陈宁突然被捕，罪名是谋反。据说，共同参与计划的御史中丞涂节见事不可为便揭发了他们的罪行，朱元璋即刻下令彻查。

　　权倾朝野的胡惟庸渐渐目无皇权。恰巧在他的定远旧宅，一枯井中突然长出石笋，出水数尺深，还有传言称胡惟庸的祖上之墓每晚均有火光冲天，献媚的人纷纷认为此乃祥瑞之兆。胡惟庸或许从此时开始便心怀异志也未可知吧。

　　胡惟庸与陈宁、涂节密谋，他们先拉拢了都督佥事毛骧和李善长之弟李存义。又说服被朱元璋视为眼中钉的功臣陆仲亨和费聚，令他们秘密拉拢四方武臣。另一方面，他们遣明州卫指挥林贤前往日本，令元朝旧臣封绩前往北元，请求两地出兵做外应。如此准备妥当后，胡惟庸本该静待起事之日，不料唯恐事泄的涂节告密，导

193

致他们被朱元璋一网打尽。

被捕后，朱元璋亲自审问胡惟庸，后者知道大势已去唯有坦白一切，四日后胡陈二人被处以极刑，此外，密告者涂节到头来也未能免死。可叹的是，权倾一时、不可一世的胡惟庸等人在朱元璋的屠刀下却如同待宰羔羊一般毫无还手之力。

以上便是官修史书《明实录》所载的胡惟庸一案的始末，该案又称"胡党之狱"。在其他史料上大多记载了类似的内容。《明史》也将胡惟庸写入奸臣传，一切错误仿佛都由他一人背负。

但是，仔细理一理事件的来龙去脉，便不难发现一些正史难以解释的疑点，这也是此案的复杂之处。首先，胡惟庸的供述不过是朱元璋方面的一面之词，其可信度存疑。其次，据说他曾向北元及日本请求援兵，那么为何在案发之后数年才被发现，这颇有些"欲加之罪"的味道。因此，不得不让人怀疑，胡惟庸通蒙、通倭的罪名是朱元璋捏造而成。此外，陆仲亨和费聚的参与也是案发十年之后才被发现的，这一点同样经不起推敲。

综上所述，这次事件人为策划的可能性非常之高。诚然，胡惟庸确有枉法之实，他在朝堂之上独断专行也确实不假。但是能证明他策划谋反的证据却杳无踪迹，相反，证明其无谋反之举的证据则比比皆是。

胡惟庸被处刑的第二天，正月七日，朱元璋突然宣布废除中书省。这消息着实令人猝不及防，直到此刻，一直隔岸观火的官员们总算看清了朱元璋的意图。皇权与相权的二元权力结构从古代绵延至今，朱元璋正是想摧毁这种二元制从而建立全新的皇帝独裁体制。

撤除中书省后，曾经隶属中书省的六部取而代之成为官僚机构的顶点，六部尚书则直接隶属于朱元璋，成为百官之首。所谓六部即是吏部、户部、礼部、兵部、刑部、工部六大机构，各部均以尚书为尊。并且由于尚书共有六名，所以权力不会过于集中。因此，随着中书省的撤销、六部升格，皇权以外的其他权力便被大大地分散了。

权分六部后，改革的车轮并未就此停下。总领军事的大都督府也被改组为中、前、后、左、右这五军都督府，各府设都督一名，以此来实现分权。帝国的根基是由官僚机构和军队组成，而明朝的军队又与前朝有所不同，不再需要从一般民户中募兵而是从军户中征兵，这些军户又构成了明朝军队的基本单位——卫所。全国的卫所分属于中央的五军都督府，朱元璋最为忌惮的便是军权的独立，如此一来军权便不再集中于一人之手。此外，负责监察的御史台也遭到撤除，两年后新设都察院，自此对官僚的监视也较从前更为严格。

通过上述的机构改革，皇权已然强大得无以复加。之所以说中国的皇权在明初才正式确立，其原因便在于此。这不仅对明朝影响深远，同时在整个中国历史上都具有划时代的意义。并且，胡惟庸案方过，朱元璋便立即将改革付诸实施，这足以证明他定然在很早之前便已开始布局。换句话说，这一系列的机构改革实际上并不是在为胡惟庸案善后。

显而易见，本次改革与四年之前的地方行省改革可谓是相辅相成：废除行省制使地方三权分置，而中央的改革则将权分六部。实际上，在空印案爆发之时，朱元璋对如今的事态便早有预料。从这个意义上来说，无论是空印案，还是胡惟庸案，都极有可能是朱元璋一手策划的，胡惟庸和陈宁不过是被他利用的弃子。过去，廖永忠奉命溺死小明王，如今，胡陈二人所扮演的角色与他并无二致。

对江南地主的打压

　　胡惟庸案不仅带来了大规模的机构改革，众多与他沆瀣一气的官员纷纷被冠以胡党下狱或诛杀。胡党之狱牵连甚广，不仅中央和地方的官员人人自危，无数的平民也被牵连其中。当初对中央的事态隔岸观火的地方民众万万没有想到，自己竟会为其所累。富户和地主因与胡党有染而不断被检举揭发，这令他们陷入恐慌。而政府既没有经过详细的取证调查，也不给嫌犯申辩的机会，便将他们就地正法。前后约有一万五千人的官僚和知识分子被诛杀，株连者远超空印案。

　　民间的牺牲者大部分是来自江南一带的富户和地主。疑神疑鬼之下，他们相互构陷，告密成风。而那些无辜者则一味屈身求全，等待暴风过境。即便如此，若是不幸被诬告为胡党，那么他们的人生便也到此为止。官府并不在乎冤案与否，一旦背负嫌疑，他们便无路可逃。

　　对于朱元璋而言，这些人是否有胡党之实只是次要。他只是想借此机会消除如今的官场弊风，为此必须彻底地打压那些贪腐成性的江南地主。他们勾结官员、偷税漏税、侵占田土……其罪行可谓罄竹难书。朱元璋也曾屡屡规劝数次引导，然而事实证明这些手段统统无济于事。事到如今，唯有以酷法敲响警钟，才能令他们循规蹈矩。为此，诛杀之人越多警示的效果便越强。而这胡党之狱无非就是他大开杀戒的借口罢了。

江南一带中，最为悲惨的要数浙东和浙西这两处最为发达地区。特别是浙西一带，张吴国灭亡时部分富户已被迫移居，即便如此仍有大量富民在这里经营着广袤的田土。因为朱元璋的大力打压，他们惨遭诛杀、流放，名下的财产和土地均被没收，其势力土崩瓦解。这些土地被充作官田，由国家直接经营，相比普通民地，租种官田需要缴纳更为高昂的租税，此举可谓一石二鸟。

江南地主沦落至此，当地的南人官僚和知识分子也境况堪忧，就连宋濂也遭到朱元璋的无端猜忌。洪武十年（1377年）六月，宋濂告老辞官，回到浦江，专注于地方教育。然而，洪武十三年（1380年）十二月，其长孙宋慎因胡惟庸案坐罪被诛。朱元璋怒极，命人将宋濂枷胫械手从浦江押解至京。他原想赐死宋濂，但为马皇后所阻，后者如此说道：“民家为子弟延师，尚以礼全终始，况天子乎？且濂家居，必不知情。”[1]

恰逢二人用膳，马皇后为宋濂作福事故不饮食酒肉，以此劝谏。次日，朱元璋赦免宋濂死罪，改为安置茂州。

数年前，宋濂欲告老还乡时，朱元璋在群臣面前如此盛赞：“宋景濂事朕十九年，未尝有一言之伪，诮一人之短，始终无二，非止君子，抑可谓贤矣。”[2]

当年的话言犹在耳，可谁能想到数年之后，宋濂竟也落得如此下场？朱元璋表面上是在处罚宋濂本人，而实际上这何尝不是一种

---

[1] 傅维麟《明书·皇后马氏传》。

[2]《明史·宋濂传》。

杀鸡儆猴。其对象正是那些唯宋濂马首是瞻的知识分子，特别是那些对自己的政策持批判态度的浙东知识分子。他通过这种方式来彰显皇权的威严，并将施政方针广而告之。

洪武十四年（1381 年）五月，宋濂在前往茂州的途中于湖北夔州病逝，享年七十二。另一说为，宋濂是在夔州的僧舍心灰意冷自缢而亡。结合朱元璋的所作所为，后者倒也并非无稽之谈，但是真相早已湮没于历史的长河中无从考证。到头来，作为浙东学派的两大领袖，宋濂和刘基均不得善终。

为了巩固政权，打压江南地主势在必行，但这并不意味着朱元璋对地主的打压是无差别的。然而事态的发展却超乎了他的预料，不分对象的打压已然背离了他的初衷，因此不少无辜者死于这场无差别的清洗中。但是，朱元璋在打压过程中，仍然定下了一条不可逾越的红线。

洪武十四年二月，有人诬告浦江的义门郑氏与胡惟庸交通。当时的郑氏族长名为郑濂，唯恐牵连全族他打算一力承担罪责。他与其从弟郑湜争相认罪，结果二人均被投入南京大牢。朱元璋闻之遂召二人至殿前宽慰，并谓左右道："有人如此，肯从人为逆耶？我知郑义门无是也，人诬之耳。"[1] 后特意擢升郑湜为福建布政司参议。

郑氏便是朱元璋心目中理想的地主：他们累世同居相亲相爱，对外则经世济民、积极践行儒家思想以维持秩序为己任。这恰恰是朱元璋对广大地主的要求，却被他们束之高阁。而郑氏一族却身体

---

[1] 《逊志斋集·采苓子郑处士墓碣》《明史·孝义一》。

力行地诠释何为义门，这样的门庭何错之有？

朱元璋已经描绘了一幅治理基层社会的蓝图。为此，像郑氏这样的地主是不可或缺的。倒不如说，朱元璋希望天下地主都能如郑氏一般。但是他深知这种理想难以实现，因此才不得不猛药去疴。枉法的地主被清洗一空后，将蓝图化为现实的时机终于成熟。他坚信，通过改革，经年的弊害必将就此烟消云散。斗志昂扬的朱元璋对未来充满着期待。

里甲制度的实行

一波未平，一波又起。洪武十四年（1381年）正月，里甲制度在全国推广实施。里甲指的是明朝的一种乡村组织，政府将每相邻的一百一十户编为一里，任命丁粮最多的十户为里长，其余百户被称为甲首，每十户为一甲，共分十甲。每年由一名里长和十名甲首承担徭役，以十年为一周期进行轮换。为更好地统治农民，朱元璋在乡村基层设立管理农民的里甲制，以此来实现以民治民的想法。

里长和甲首（二者并称里甲）必须承担的徭役有正役和杂泛差役两种。前者是指轮役期内的徭役，具体包括征收和搬运税粮、维持治安、支应府衙的公用，等等；后者是指在轮役期外时所编排的不定时的徭役。此外，轮役期内里甲每隔十年便需要编造赋役黄册，黄册既是户籍台账，也是租税台账，上面登记有各户的人丁数、田土额、税粮额等信息。政府以黄册为依据向各户征收税粮派发劳役，为了及时反映人口和土地的变化，黄册十年一造。当年的里长和甲首便负有协助造册之责，他们需要亲自展开调查并以此为据编造两本新的黄册。

其中一本保存于乡里，一本则上交所属州、县。各州、县将黄册汇总并据此编制成两本新的黄册，一本保存一本上交府。各府和布政司同样重复上述操作，最后由布政司将一省黄册上交户部，户部将收集来的黄册存放在位于南京后湖的黄册库。洪武十四年，第一次大造黄册，第二次是洪武二十四年（1391年），第三次造册因"靖难之变"延后一年，此后均维持着每十年一造的惯例，终明一朝，共造二十七次。因此，赋役黄册制度可说是明朝对农民统治的根基所在。

除协助编造黄册之外，每年当值的里甲还需要负责征收和搬运税粮及维持治安。特别是就前者而言，因为明朝奉行原额主义 [1]，当征收的税粮不足时，需要当值的里甲自行补足，即便是发生饥荒和天灾也不例外。此外，中央和地方府衙的公用，也需由里长和甲首按照三比七的比例分担，因此里长的经济负担相当之大。正是考虑到这一因素，才规定由富裕的地主来担任里长。

维持治安方面，当值的里甲设有"老人"一职，负责申明教化、解决纠纷。关于"老人"制度何时出现暂不明确，但该项制度直至洪武末年仍未消亡。老人是里内的精神领袖，一般从耆老中选出。他们在里内的申明亭与里甲众人一起调解纠纷，对于一些轻微的犯罪行为，不必经官府之手便可自行判决，以此来维持乡村的秩序。此外，他们还负责教化里民，引导他们实现自治的乡村生活。

朱元璋希望借助里甲制让民众们安分守己，履行自己应尽的责任和义务。洪武二十年（1387年），朱元璋命户部张榜晓谕江南之民，其内容如下："为吾民者，当知其分，田赋力役出以供上者乃其分也，能安其分，则保父母妻子家昌身裕，斯为仁义忠孝之民。" [2]

朱元璋认为，农民应谨守农民的本分，地主亦然。农民的本分便是努力耕种并向国家上缴租税，而地主除纳税之外，还需要关注

---

[1] 译者注：语出岩井茂树著《中国近世财政史研究》。

[2] 《明太祖实录》卷一百五十。

基层之民生。唯有各阶层都安分守己，乡村方能井然有序。为了令这项方针能够深入人心，洪武三十年（1397）九月，朱元璋向天下颁布"圣谕六言"（"六谕"）以教化万民。

"六谕"来源于洪武三年（1370 年）时朱元璋训诫富民的内容（参照 164 页）。后来，它被高度概括，并凝练为六句话：孝顺父母，恭敬长上，和睦乡里，教训子孙，各安生理，毋作非为。

其内容是将传统的儒家道德从家族、宗族发展到乡党，由此要求民众安分守己从而达到维持乡村秩序的目的。"六谕"公布后，朱元璋下令每乡里各置一木铎，内选老者或瞽者，每月六次一边口诵"六谕"，一边持铎巡回乡里。在他看来，乡民们日日听着"六谕"，自然而然便会向着儒家道德所要求的规范渐渐靠拢。此后，"六谕"被收录在《教民榜文》中，作为教化农民的基本理念，对后世影响深远。

一言以蔽之，朱元璋所描绘的乡村社会是一个秩序井然的世界，在乡村领袖的引导下民众安守本分，这种秩序才得以成立。从某种意义上来说，这番图景与古代圣王的治世相差无几。但是朱元璋与圣王们却有着本质的区别——朱元璋的理想世界是由强权打造的、依靠他律维持的世界。里甲制实施之前，他对乡村进行彻底的打压，这体现了朱元璋的深谋远虑，为了实现理想，一番清洗在所难免。他认为，唯有除去那些绊脚石方能实现他心中的理想社会。

在朱元璋看来，为政者的责任在于让臣民们知晓自己的本分，同时努力引导他们安分守己。通过不断引导，同时明刑弼教，以此来规范他们的言行举止。民众被束缚在名为里甲制的乡村模型中，通过完成王朝赋予的本分，来保全生命和财产。这在为政者看来确实不失为一种养民之策。

十三
恐怖政治的扩大

马皇后之死

洪武十五年（1382 年）八月，忙于政务的朱元璋被意料之外的噩耗击中——他挚爱的糟糠之妻马皇后突然抱病不起。朱元璋深受打击，他连做梦都不曾想过，一直以来舍己为夫的伴侣竟然先他一步病倒了。

二人经郭子兴做媒结成夫妻，此后三十年，马皇后一直在幕后默默地支持着台前的朱元璋。她不仅努力维系着郭子兴和朱元璋二人频频恶化的翁婿关系，朱元璋能以万全的状态征战沙场也离不开她的无私奉献。后来，他经常向臣下夸赞马皇后，将其比作被誉为皇后楷模的文德皇后（唐太宗之后）。而马皇后从不恃宠生骄，而是借此机会委婉地规劝朱元璋：“妾闻夫妇相保易，君臣相保难。陛下不忘妾同贫贱，愿无忘群臣同艰难。且妾何敢比长孙皇后也！”[1]

实际上，马皇后平素生活简朴，穿的衣服洗了再洗，早已破旧不堪却不舍得更换。这一点与不喜奢华、讲求节俭的朱元璋相同。此外，马皇后总是亲自小心翼翼地为朱元璋准备每日膳食。有一日，因为她调理的饮品微凉，恰逢朱元璋心情不佳，怒上心头抓起器皿

---

[1]《明史·孝慈高皇后传》。

便向马皇后掷去。马皇后躲闪不及，不仅衣服被弄脏，连面庞也被碎片划破。即便如此，她仍毫无怨言，将汤品加热后再度送到朱元璋面前。

喜怒无常的朱元璋经常动辄处罚大臣，素来固执己见的他唯独不排斥马皇后的意见，因马皇后的劝阻而幸免于难的人不在少数。比如，朱元璋的外甥李文忠守卫严州，杨宪诬告他枉法，朱元璋立即便想召其还京。此时，马皇后从旁劝阻道："严，敌境也，轻易将不宜。且文忠素贤，宪言讵可信？"[1]

皇后的规劝令他恍然大悟，遂打消了召还李文忠的念头。此后，李文忠果然为朱元璋立下大功，位列开国功臣。马皇后从不插手朝政，但总能委婉地劝谏朱元璋，并时常留意朱元璋的过激之举。

马皇后虽然没受过教育，但在闲暇时也经常习字看书，学习文化知识。她认为宋朝多贤后，便命女史摘录她们的家法，早晚诵读，经常自省。长此以往，她的文化修养与其原本温婉的性格相得益彰，这也令她对女性"本分"的理解愈加深刻。此外，通过学习儒家思想，她的人格趋于成熟。

一日，马皇后问朱元璋："今天下民安乎？"朱元璋答："此非尔所宜问也。"马皇后反驳道："陛下天下父，妾辱天下母，子之安否，何可不问！"[2]从这番问答足以看出，马皇后并非对朱元璋百依百顺，秉持儒家思想的她也有着自己的坚持。

据说，朱元璋膝下育有二十六子和十六女，在历代帝王中，他属于子女较多的一位，这些子女自然并非全由马皇后所生。根据

---

[1] 《明史·孝慈高皇后传》。

[2] 《明史·孝慈高皇后传》。

《明史》记载，马皇后育有五子，分别为长子皇太子朱标、次子秦王朱樉、三子晋恭王朱棡、四子燕王成祖朱棣（后来的永乐帝）、五子周王朱橚。

但也有一种说法认为马皇后实际上膝下无子，她养育的是朱元璋后妃所生的五个皇子。值得一提的是，四子燕王朱棣在篡夺建文帝的皇位后，为使自己的地位合法化，便托称自己为马皇后所出。清代以后，众多学者就马皇后的子嗣一事进行了详细的考证，如今马皇后膝下无子已成定论。或许，对以"天下母"自居的马皇后来说，有无亲生子嗣反而变得无关紧要了吧。

在众多后妃中，马皇后无疑是一位完美的女性。她不仅是朱元璋的糟糠之妻，对朱元璋而言，她的精神品质更是无价之宝。朱元璋力图凭借强权创造一个基于儒家思想的有序世界，在这个世界中，马皇后便是天下臣民的明镜，她总是身体力行地践行着儒家道德。朱元璋希望天下人都能像马皇后一般遵循儒家思想而行动，但这个理想目前仍未实现。

然而这面明镜却突然病倒，群臣请祷祀、求良医。马皇后拒绝了好意，并反复叮嘱朱元璋即便药石不灵也不可滥杀医者。其贤德如此，即便徘徊在死亡的边缘，仍不忘关心他人。

不久马皇后病笃，朱元璋询问遗言，她气若游丝地说道："愿陛下求贤纳谏，慎终如始，子孙皆贤，臣民得所而已。"言毕含笑而去。

洪武十五年八月十日，马皇后身故，享年五十一。朱元璋泣不成声，从此不再立后。

郭桓案

马皇后身故后，"脱缰"的朱元璋开始全力打压官僚和地主，首先被他盯上的是户部尚书郭桓。洪武十八年（1385 年）三月，郭桓因涉嫌与北平布政司官员营私舞弊侵吞官粮被下狱，不久便遭处刑。此案中，因侵吞、倒卖官吏粮而被处刑的岂止郭桓一人，不仅六部及地方官员被问罪，连一般民众都难以幸免。最后该案演变成牵连数万人的大案，史称"郭桓案"。

本案虽然始于郭桓的贪污，但案件的发展却离不开朱元璋的一手推动，几乎可以断定这又是一次政策性的措施。同年九月，朱元璋颁下"禁戒诸司纳贿诏"再次重申严禁贪腐。该诏不仅揭示了上级府衙和下级府衙、官僚和地主之间收受贿赂的关系，同时也指出当时的朝堂和民间皆以这种利益关系结托而成。特别是当时的六部和布政司，它们分别是中央和地方的最高行政部门，中书省被撤除后它们更是成为帝国政府的中枢，因此两者结托的危害不言而喻。

在胡惟庸案中，朱元璋对官僚和地主进行了不遗余力的打压，即便如此，营私舞弊、贪污腐败之乱象仍未能根除，这令他懊恼非常。曾导致中书省撤除的沉疴弊病如今原封不动地为六部所继承。接下来，自然不能再废六部，那么便只有撤换扎根在六部的官员。并且，若只撤换一部分官员或许收效甚微，甚至有可能旧病复发。因此，朱元璋将贪腐的官员连同嫌疑者一网打尽，严惩不贷。继空印案和胡惟庸案之后，他的恐怖政治进一步扩大。

然而，朱元璋仍然心神不定。有受贿者就必有行贿者，建国以来，虽三令五申，但仍是屡禁不止。其根本原因在于，朝堂与民间的贪腐之风盛行不绝。元朝治下，官吏贪腐成性，想要重塑政风并非朝夕之功。因此，长期而稳定的政策是必不可少的。那么最好的办法莫过于从臣民的意识层面入手，以教化来改变他们的思想。

洪武十八年十月，《御制大诰》《御制大诰续编》《御制大诰三编》陆续刊印成册。这些训诫书将官民的不法案例及其处罚方式描绘得生动具体，常常能够直击心灵，作为劝善惩恶的教本来说再合适不过。朱元璋将这些书下发至国子监和全国各地的官学，并强制监生与生员背诵。这也是他借此向这些未来的官员传达国家的施政方针。

此外，朱元璋还向里甲的私塾派发《大诰》，并要求学生及农闲期的民众在塾师的指导下背诵、朗读。此后，塾师会带着学生赴京，在礼部的主持下展示学习成果。根据背诵的多寡，礼部会予以褒奖。洪武二十四年（1391 年），上京背诵《大诰》者共计十九万余人。另外，只要持有《大诰》即便犯罪也可罪减一等。

继《律令》之后，朱元璋又将《大诰》也列为国家的基本法典，并时常要求官员以此量刑，此举足以说明，朱元璋想通过法制来维持世界秩序。他不仅是想借教化之力来劝人向善，同时也想借此唤醒臣民的恐惧之心，以此来劝导他们遵纪守法。

肃清功臣

朱元璋的政治蓝图正点滴具现，但是他对于功臣的忌惮却与日俱增。建国后，曾经追随左右并于元末乱世建功立业的功臣宿将们，得到了南京周边的大片土地，一跃成为新兴的大地主。不仅如此，他们在朝堂之上也颇具影响力，可以说是朱元璋无法忽视的存在。

但是数年过去，功臣宿将们持功自傲、罔顾法纪，久而久之便成了为祸一方的毒瘤。在这一点上，他们与江岸的大地主并无二致。朱元璋曾多次下达禁令，要求他们遵纪守法，但是他们的子孙奴仆却依旧我行我素。如今在朱元璋眼中，这帮功臣宿将已阻碍了帝国的长治久安，他们的存在变得毫无意义。

洪武十八年（1385 年）二月，徐达因背疽恶化，难以步行故卧病在床。朱元璋多次遣名医为其看诊，显得十分关心。此后，在良医的诊治下略微好转，似乎不久便能康复。不料，一日朱元璋又遣人看望徐达并送来一只烧鹅。烧鹅为"发物"，背疽患者不宜食用。看到烧鹅后，徐达瞬间洞悉了朱元璋的杀意，无奈之下唯有在使者面前含泪吃下烧鹅。数日后，他的病情急转直下，不久便因病而亡。这样看来，即便是大明帝国仅次于李善长的第二功臣徐达，在朱元璋眼中也不过是皇权的绊脚石。

实际上，徐达死前数年，便已有众多功臣接二连三遭到朱元璋的毒手，死于非命：洪武八年（1375 年），廖永忠被赐死，而朱亮祖和胡美分别于十三年（1380 年）和十七年（1384 年）坐罪赐死，就连外甥李文忠也因为小过被问罪，早早离世。从这些宿将的下场便不难看出，朱元璋迟早会将他的屠刀挥向功臣宿将。对于最为信赖的徐达尚且如此，这也为后续的故事埋下了伏笔，在不远的将来，朱元璋将大开杀戒屠戮功臣。

郭桓案之后五年，时为洪武二十三年（1390 年），李善长之弟李存义因曾同胡惟庸谋逆被捕。经调查发现，李善长并非毫不知情而是默认了他们的行动。而李善长之子李祺还迎娶了朱元璋之女临安公主。

他的背叛令朱元璋勃然大怒："善长元勋国戚，知逆谋不发举，狐疑观望怀两端，大逆不道。"[1]

当时，李善长已经七十七岁，但是盛怒的朱元璋哪能理会这些，他当即命李善长自尽，待其死后又将李家一门七十余口诛杀殆尽。这便是胡惟庸案的后续，开国功臣李善长因此倒在了朱元璋的屠刀之下。

除李善长之外，以"胡党"的名义被处死的还有延安侯唐宗胜、吉安侯陆仲亨、平凉侯费聚等，合计十九名功臣。此外，算上被此案牵连的一般官员及地主，共有一万五千余人坐罪伏诛。他们同样不由分说便被下狱处刑，真相也就此淹没，这一切都与胡惟庸案如出一辙。结案后，朱元璋将他们的审讯记录编纂成《昭示奸党录》，企图以此将自己大戮功臣的行为正当化。从这本书中，我们或可窥见朱元璋深不见底的思虑，遗憾的是它早已不知所踪。

---

[1]《明史·李善长传》。

三年后，时间来到洪武二十六年（1393年）二月，明初四大案的最后一案"蓝玉案"发生了。蓝玉，定远县人，是胡惟庸和李善长的同乡，同时也是常遇春之妻弟。他追随常遇春南征北战，逐渐崭露头角。洪武四年（1371年），蓝玉在平定四川及云南的作战中立下大功。徐达故去后，他前往北方接手防务并屡立战功，被誉为名将。但是，蓝玉其人不学无术且性格狡诈，立功之后便日渐跋扈。此外，他还将手伸向军权，渐渐目无法纪为所欲为，比如他不仅在军内私自任免将校、处罚将士，甚至于矫诏出兵。

　　因不满自己屈居宋国公冯胜和颍国公傅友德之下，他多次向朱元璋讨要封赏，但朱元璋并不予理睬。此后，蓝玉认为朱元璋对自己心生猜忌于是便图谋造反。他于宅邸中秘密召集部下诸将商议谋逆之事，不料计划被当时的特务机构锦衣卫探知。

　　事发后，朱元璋立刻将主谋蓝玉逮捕，并陆续以蓝党的名义抓获同谋的鹤庆侯张翼、普定侯陈桓、景川侯曹震等人。被蓝玉案连坐者多达一万五千余人，其中不仅有功臣们还有众多的官僚和地主。朱元璋故技重施，既不调查也不取证，屈打成招后，他们即刻便被枭首示众。后来，此案被编入《逆臣录》并公之于众，其中共收录十六名功臣的供词，包括一名公爵、十三名侯爵及两名伯爵。此外，还有大量官僚和地主的审问记录。

　　蓝玉案的疑点重重。实际上，当时的皇权已然强大无比，因此蓝玉谋反的可能性可说是微乎其微。

　　案发的前年，洪武二十五年（1392年），朱元璋最看重的皇太子朱标病故。其次子朱允炆（后来的建文帝）被立为帝国的继承者，彼时的他不过是个年仅十六岁的少年。或许是因为皇太孙年纪尚幼，对此忧心不已的朱元璋痛下决心将那些威胁到皇权的功臣宿将一网打尽。姑且不论他们如今的所作所为，朱元璋只是想防患于未然，将未来的危险因素扼杀于摇篮之中。在他的阴谋之下，功臣宿将们大多不得善终。

洪武十三年（1380 年），胡惟庸案震惊一时；二十三年（1390 年），李善长被牵连；二十六年（1393 年），蓝玉案事发。三起事件被合称"胡蓝之狱"。加上先前发生的空印案和郭桓案，因这一连串的事件被诛杀之人不下十万。洪武二十六年九月，朱元璋下诏："胡党蓝党，除已捕在官者外，其未发，不究。"至此，对胡蓝一党的打压总算告一段落，这也意味着"胡蓝之狱"落下了帷幕。朱元璋的一系列打压政策到此为止。

经过"胡蓝之狱"，开国功臣们几乎被屠戮一空，朱元璋总算去了一块心病。余下的傅友德和冯胜二人也分别于洪武二十七年（1394 年）和二十八年（1395 年）被赐死。到头来活到洪武末年的开国功臣唯有汤和、耿柄文、郭英等寥寥数人。有了前车之鉴，他们几人一直对朱元璋小心翼翼，在朝中也是明哲保身、循规蹈矩。汤和告老还乡后，甚至将朱元璋的赏赐悉数分给乡民以示自己没有私心。后来，他因中风之症死于病榻，即便如此，汤和也是罕见的能够寿终正寝的开国功臣，这也算是一种幸运吧。

锦衣狱

在弹劾诬告靡然成风之际，朱元璋动用了众多御史，授意他们检举揭发功臣及其他官员。作为监察机构的御史台在胡惟庸案后改组为都察院，与六部之一的刑部和大理寺合称三法司，一同主管刑狱。然而朱元璋真正依仗的却并非这些正式的官僚机构，他设立了直属于皇帝的特务机构——锦衣卫，并特令其掌管监察和刑狱，得益于此，他才能随心所欲地实现他的政治蓝图。换言之，锦衣卫才是朱元璋大搞恐怖政治的"核心利器"。

洪武十五年（1382 年）四月，帝王直属亲军之一的亲军都尉府改组为锦衣卫。该组织原本掌管皇帝仪仗的护卫，改组后在此基础上增加了负责"巡查缉捕"的特务职能。锦衣卫由朱元璋最为信任的皇族领导，下设将军、力士、校尉等职，其中力士和校尉也称缇骑，主要负责特务工作。朱元璋在位期间，缇骑多达五百，他们作为皇帝的耳目监视着朝堂内外的一举一动。

锦衣卫出现之前，一般由直属于皇帝的检校负责特务工作。他们专主察听大小府衙的不公不法之事，并逐一向皇帝报告。但是，他们以调查为主并无查办之权。而锦衣卫则拥有独立的监狱和公堂，并能绕过三法司自行逮捕、刑讯及处决人犯。此外，锦衣卫的刑讯手段极为残酷，以至于坊间传闻，从未有人能从锦衣卫的大牢生还。民间对锦衣卫的刑狱讳莫如深，并称之为"锦衣狱"或"诏狱"。

一旦被锦衣卫盯上，定然极难脱身。因为，他们仅凭一面之词便可将嫌疑人下狱处刑，根本无须细查。据说，李善长和蓝玉就是因为下人的告发而被捕入狱。并且，所谓的供词也极有可能来自锦衣卫的严刑逼供。洪武十五年以来，全国各地的政治犯均被移送锦衣卫，陆续遭到肃清。此外，"妖言惑众、图谋不轨"的平民民众也会被锦衣卫捉拿下狱，以残忍的方法折磨至死。

审问之际，犯人会受到各种各样的拷问，锦衣卫镇抚司共有十八种刑具可供刑讯者自由使用。被拷问者往往因为酷刑痛苦难耐，最后不得不声泪俱下地招供。然而招供便等同于死亡，待锦衣卫完成供词，犯人离死也不远矣。

为了得到供词，锦衣卫无所不用其极。在《明史·刑法志》中记载了一种名为"琵琶"的酷刑。刑如其名，首先将人犯固定并脱去上衣，令其十二根肋骨凸显，再如弹奏琵琶一般，以锐利的刀刃在肋排上来回划拨。经过此刑之人无不白骨具现、血肉模糊，在恐惧与痛苦的夹击之下痛哭流涕，很快便会陷入昏迷。但他们又不会立刻断气，等待犯人清醒后，狱卒又会再度行刑。如此反复，受刑者无不魂飞魄散、屎尿横流，即便滔天大罪也会立马招供。看完这段记载，便不难理解为何民众对锦衣狱畏如蛇蝎。

此外，明朝时处刑的手段也极为残酷。根据《御制大诰》记载，除《大明律》规定的刑罚之外还有如下一些刑罚。一种名为"族诛"，顾名思义便是将一族成员斩草除根之刑，蓝玉案中被"族诛"之人甚多，这也导致被此案牵连者数以万计。此外，"凌迟"之刑则是将人犯零割碎剐，至死方休的酷刑，并且为了以儆效尤，经常于闹市行刑。此外还有诸如"枭令""墨面文身""挑筋去指""断手""刖足""劓刑""阉割为奴"等众多令人不寒而栗的酷刑。

还有一种名为"剥皮"的酷刑也十分有名。所谓剥皮，剥的正是各地贪官污吏之皮。明初时，各地府、州、县的衙门边的土地庙，就是剥皮的刑场，当地民众也称之为"皮场庙"。剥完皮后，行刑者再用稻草将其塞满，挂在衙门的公座旁，以此来警示在职官员奉公守法。此外还有"铲头会"和"刷洗"，前者是将人犯埋入土中，只剩头露在地面，然后用大斧削砍，而后者是将犯人剥光后绑在铁床之上，再浇上沸水，用铁刷刷去皮肉。凡此种种，着实令人震惊，朱元璋的恐怖政治果然名不虚传。

但是，如此酷刑并未一直沿用。洪武二十年（1387 年）正月，因锦衣卫非法凌虐民众，朱元璋下诏焚毁锦衣卫刑具，并将收押之人全部移交刑部大牢。郭桓案时，锦衣卫奉命活跃其间，如今一切尘埃落定，锦衣卫的活动也该告一段落。话虽如此，实际上直至洪武二十六年（1393 年），朱元璋才将内外刑狱从锦衣卫的职责中剥离。换言之，其间二十年，锦衣卫的职能依旧没有改变，直至蓝玉案结案后，活跃一时的锦衣卫才彻底偃旗息鼓。

洪武二十八年（1395 年）六月，朱元璋御驾奉天门，对群臣说道："朕起兵至今四十余年，灼见情伪，惩创奸顽或法外用刑，本非常典。后嗣止颁《律》与《大诰》，不许用黥刺、剕、劓、阉割之刑。臣下敢以请者，置重典。"[1]

我们不能将朱元璋以"酷法治国"的原因单纯地归结为他性情残暴。从这番话中可以看出，"酷法治国"的本质不过是一项政策。

---

[1]《明史·太祖本纪》。

廷杖

说到朱元璋的恐怖政治便不能不提"廷杖"这种制度。廷杖，即是对朝中的官员施以杖责，《大明律》并未提及。朱元璋经常用廷杖来折辱那些在言语上冲撞于他的官员。他命人将官员按在大殿的台阶之上，露出臀部并以杖用力击打。这种方式令受刑者颜面扫地、满嘴污泥，口中更是悲鸣不绝，即便如此执杖者也不会丝毫手软。改置锦衣卫后，廷杖便由他们来负责，此后频频有官员死于杖下。

廷杖并非朱元璋发明，而是源自前朝。元朝时，统治者时常对汉人官员施以廷杖，士大夫在大庭广众之下被杖责，这对他们而言不啻奇耻大辱。皇帝经常使用这种方式来彰显帝王的威严，朱元璋将这种刑罚原封不动地照搬到新朝，众多官员成为杖下冤魂。

永嘉侯朱亮祖在镇守广东期间，罔顾法纪、为非作歹，因此与其子朱暹一同被朱元璋鞭死。胡惟庸伏诛后，因胡惟庸的谗言遭到贬谪的工部尚书薛祥帝同样死于杖刑。此外，由于朱元璋笃信佛教，大理寺卿李仕鲁直谏无果，遂辞官归乡，朱元璋大怒，遂令武士将李仕鲁摔死于殿阶之下。大理寺少卿陈汶辉也曾多次直言上谏，听闻李仕鲁的死讯恐被治罪，遂投金水河而死。

朱元璋其实也并不想经常使用廷杖之刑。洪武六年（1373年），时任工部尚书的王肃坐法，本应处以笞刑。当时，朱元璋说了这么一句话："六卿贵重，不宜以细故辱。"[1]

但是，此后朝堂的情形却令朱元璋不得不收回前言。明代的第一次廷杖发生于洪武八年（1375 年）正月，当时朱元璋正着手肃贪，众多犯官被发配至凤阳。时任刑部侍郎的茹太素对事态的发展深感忧虑，遂写下长达万字的奏疏劝谏朱元璋，其中有这样一句："才能之士，数年来幸存者百无一二，今所任率迂儒俗吏。"[2]

这句话令朱元璋勃然变色，立刻召见茹太素当面诘问，不仅降了他的官职，还于朝上施以杖刑。茹太素虽侥幸未死，但此事开了明朝廷杖之先河。自此，朱元璋开始于朝堂之上大肆使用廷杖。

洪武九年（1376 年）末，就在空印案几乎要尘埃落定之时，上文曾提到叶伯巨奉诏上奏，他在奏疏中这样写道："古之为士者，以登仕为荣，以罢职为辱。今之为士者，以溷迹无闻为福，以受玷不录为幸，以屯田工役为必获之罪，以鞭笞捶楚为寻常之辱。"[3]

由此可见，在当时廷杖被频繁使用，赵翼的《廿二史劄记》引用了《草木子》中的一段描述：

　　　　明祖惩元季纵弛，特用重典驭下，稍有触犯，刀锯随之。时京官每旦入朝，必与妻子诀，及暮无事则相庆，以为又活一日。[4]

那时，朱元璋肆无忌惮地打压官员。从这一点看来，此言绝非夸张，反倒有些不可思议。

[1]《明史·刑法志》。

[2]《明史·茹太素传》。

[3]《明史·叶伯巨传》。

[4] 原版《草木子》已经散失，现存的《草木子》中不含这句话。

大约在洪武八年，朱元璋开始频频使用廷杖，廷杖由此升格为一项政策性制度。这一切仿佛是为了与国内的改革同步，朱元璋希望借此将恐惧深植于官员的心底。显而易见，此举是为了凸显皇权至高无上的地位与不容侵犯的威严。由此便也不难理解，为何以额叩地、极尽羞辱的五拜三叩（清朝时变为三跪九叩）之礼会始于洪武年间。

文字狱

　　文字狱盛行的原因大概与此相同。清朝时，满人为打压汉人大兴文字狱；而朱元璋掀起文字狱的原因则略有不同，文字狱与廷杖的出现，很大一部分原因在于他肆意的性格。朱元璋对自己的出身抱有一种很强的自卑心，因此他见到某些看似含沙射影的文辞，便会不由分说将作者诛杀。

　　因为朱元璋曾做过一段时间的游方僧，因此诸如"光"和"秃"等暗示僧侣头部特征的字眼均被禁止。理所当然的，"僧"也被禁止使用，甚至于连与其读音相近的"生"也不能出现。此外，由于朱元璋耻于提及曾投身红巾军的往事，而红巾军又被士大夫们称为红巾贼，故"贼"字及与其相近的"则"字都禁止提起。

　　浙江府学教授林元亮替海门卫上表以谢增俸，其中有一句话为"作则垂宪"，朱元璋认为这是在暗讽自己为"红巾贼"，遂将其处刑。杭州府学教授徐一夔在贺表中有一句话"光天之下，天生圣人，为世作则"。朱元璋读后大怒，认为"光""生""则"这些字眼都是在暗讽自己，于是将徐一夔斩首示众。诸如此类的例子数不胜数。

　　朱元璋之所以将目光转向文人、学者的文章，是因为某次对话令他深感无力。洪武十七年（1384 年）科举重开，此时距离大明开国已经过了相当长的时间，宿将勋贵们对朱元璋重用文臣颇有微词。

对此，朱元璋则解释："世乱则用武，世治则宜文，非偏也。"

但是勋贵们继续挑拨道："是，固然。但此辈善讥讪，初不自觉。且如张九四，厚礼文儒。及请其名，则曰'士诚'。"

朱元璋仍摸不着头脑，夸赞张士诚的名字："此名甚美。"

勋贵们便解释道："孟子有'士诚小人也'之句，彼安知之？"[1]

自此，朱元璋开始以猜忌的目光来审视这些文章。

实际上，洪武十七年之前，朱元璋并未刻意隐瞒自己为僧的经历。他于洪武八年（1375年）颁布《资治通训》以训诫天下臣民，并在该书序文中自述了这段经历。在他看来，这并无不妥。但是，随着文字狱大兴，臣民反而对它讳莫如深。这种转变也反映出，朱元璋对文人、学者的猜忌之心开始生根发芽。

朱元璋对官僚及知识分子的政治打压变本加厉，在高压之下他们纷纷缄口不言。然而，他们内心的不满却与日俱增，他们小心翼翼将这种不满深埋于文章之中，以此暗讽时政。不过，朱元璋并不为所动，因为他的信念坚如磐石。他深信多年的改革不是为了以自身为代表的特权阶级，而是为了大明王朝的江山社稷。反观知识分子，他们只会将理想挂在嘴边，这与崇尚实干的朱元璋截然相反。因此，他自然不能容忍这些崇尚空谈之人对自己的方针指指点点。朱元璋企图通过吹毛求疵的打压，将这些书生的批判精神磨灭殆尽。

始于洪武十七年的文字狱，终于在二十九年（1396年）落下帷幕，在这段长达十年的岁月中，知识分子们战战兢兢，如履薄冰。

---

[1] 黄溥撰《闲中今古录摘抄》。

同年，朱元璋颁布《庆贺谢恩表笺成式》，规定了贺表的格式，并公布了四百多个需要避忌的文字。这一措施一直拖到十年之后才姗姗来迟，文字狱背后的政治谋算简直昭然若揭。

十四
唯愿大明，万代千秋

法治和德治的夹缝

朱元璋所追求的世界是一个井然有序的世界，在这里上自王公贵族下至黎民百姓都能谨守本分，各得其所。父子、夫妻、兄弟、臣民、长幼、地主和佃户、主人和奴仆、领导和下属、强者与弱者……只要令这些人都安分守己、各得其所，那么世界便能井井有条。这正是儒家所描绘的"各得其所，各安其分"的世界。

在这样的世界中，为政者德教广施、教化大行，万民各守其分、安居乐业。其中若有逾规越矩之人，便以"法（刑罚）"来加以约束。因为这些"小人"不能用"德"来感化，自然必须用特殊手段来加以限制。这便要求为政者以"德"为先，以"法"为辅。

朱元璋认为，由夷狄建立的元朝统治中国时，所有的秩序土崩瓦解。君王沉迷享乐不问政事，官僚损公肥私一心敛财，地主则对农民敲骨榨髓，极尽剥削之能事。他们纷纷将自己的本分抛之脑后，唯利是图，久而久之社会充斥着衣冠禽兽弱肉强食的丛林法则。不仅如此，为政者有法不依，反而以法令欺压良民，失去生存之道的民众唯有奋起反抗。元末起义导致秩序崩坏，其原因就在于各阶层都偏离了各自的本分。

为了使混乱的社会重建秩序，令民众各得其所，首先必须清除当下的沉疴弊病，让臣民谨守各自的本分。为此，不得不以重典治世，将违法必究的原则贯彻到底。朱元璋即位不久时曾说过

225

这样一番话:"州县官吏多不恤民,往往贪财好色,饮酒废事,凡民疾善,视之漠然,心实怒之。故今严法禁,但遇官吏贪污蠹害吾民者罪之不恕。"[1]

朱元璋在位期间,这条方针不仅从未动摇,相反如前文所言,恤民肃贪之策反而一年胜似一年。法令的权威性来源于皇帝,若皇帝之位摇摇欲坠,法律自然难以发挥它的效用。因此,洪武年间的一系列改革之目的都是加强皇权。

朱元璋不仅从制度上强化皇权,同时也不忘杜绝那些有碍皇权威严的言行举止。文字狱便是一个例子,连历史上的书籍也曾因朱元璋的好恶而惨遭修改,其中最广为人知的是朱元璋删减《孟子》之事。《孟子》为儒家经典的四书之一,以主张"民本思想"著称于世。正如这句"民为贵,社稷次之,君为轻"所言,《孟子》中暗含了一种"革命思想",即以民心向背为准则,主张撤换背离民意的君王。有一天,朱元璋翻阅《孟子》,因其言语之间多有不逊之意,怒曰:"使此老在,今日宁得免耶!"[2]

言毕,他便下诏将陪祀的孟子牌位撤出孔庙中,不得配享。后又将《孟子》中不利于皇权的条目删除,重新编成《孟子节文》,下发到全国官学并规定科举考试必须以此出题。废孟一事发生于洪武二十七年(1394年),在朱元璋的皇权之下,连被尊为"亚圣"的孟子都难以幸免。

朱元璋废孟是因为孟子的"民本思想"过于危险,朱元璋也时常站在一般民众的立场为政,从这个角度来说,他与孟子的想法并

---

[1] 《明太祖实录》卷三十九。

[2] 全祖望《鲒埼亭集·辨钱尚书争孟子事》。

无二致。但是对他而言，君主的地位才是凌驾于一切之上的，若是连皇位都坐不稳，那谈何维持秩序。在他看来，先有君后有民，民众的生活需要依靠君主来保障。因此，孟子的学说有否定皇权的倾向，那么即使是亚圣也照废不误。

诚然，由于朱元璋非凡的努力，基于儒家思想的社会秩序才渐渐为臣民所接受。为了彻底重塑这种秩序，他耗费了半生的心血。他采取的方法是以"法"来约束臣民的行动，以此来创造一个依靠他律来维持秩序的世界。不过，他并非法家的信奉者，但是在目睹明朝初年的种种沉疴弊病后，朱元璋此举也实属无奈。后来，他曾对皇太孙如此说道："吾治乱世，刑不得不重。汝治平世，刑自当轻，所谓刑罚世轻世重也。"[1]

可见，朱元璋并不认同法治，相反他觉得大明本应走德治之路。然而，就现状而言实行德治还为时尚早。元末流毒尚未清除，即便此时高呼德治终究也只是空谈理想。既然如此，那么将德治交由继承者去完成便是，朱元璋只是在用法治为子孙后代的德治打好基础。

---

[1]《明史·刑法志》。

皇太子之死

朱元璋呕心沥血完成诸多改革，此时他已是花甲之年的老翁，体力早已大不如前，力不从心之感也越来越明显。虽然目光依旧锐利，但白发日渐增多，动作也不再像过去那般矫捷。即便是九五至尊，也难逃生老病死的自然规律，朱元璋也不例外。但是他却仍然对未竟之事牵肠挂肚，这种焦虑仿佛如影随形。

最令朱元璋放不下心的还是他的继承人皇太子朱标。渡江不久，朱标便于太平出生，如今已三十有五，正值壮年。洪武十年（1377年），朱标开始协助其父处理政务，学习为君之道。朱元璋曾向朱标传授为君的心得："自古创业之君，历涉勤劳，达人情，周物理，故处事咸当。守成之君，生长富贵，若非平昔练达，少有不谬者。故吾特命尔日临群臣，听断诸司启事，以练习国政。"[1]

从上面这番话足以见得，朱元璋对他寄予厚望。

朱标幼年时师从宋濂，因此儒学上的造诣深厚。他天性温厚，兼具了书生的文弱气质，《明史》以"友爱"来形容他，也正是这种性格令朱元璋隐隐有些不安。当年，朱元璋要处决宋濂时，朱标与马皇后一同为其求情，其声泪俱下的模样确实有些软弱，而当他回护犯错的秦王、周王时，其仁厚的性格一览无余。但是，作为帝

---

[1] 《明史·兴宗孝康皇帝传》。

228

王所必需的威严却略显不足，朱元璋担心这或许会成为朱标致命的缺点。

此外，在明人笔记《剪胜野闻》中还记载了关于父子俩的一段逸事，也不知真假。

> 及太后崩，帝惨不乐，愈肆诛虐。太子谏曰："陛下诛夷过滥，恐伤天和。"帝默然。明日，以棘杖委于地，命太子持而进，太子难之。帝曰："汝弗能执欤？使我运琢以遗汝，岂不美哉？今所诛者，皆天下之刑余也，除之以安汝，福莫大焉。"太子顿首曰："上有尧舜之君，下有尧舜之民。"[1]

朱标这句话意为有什么样的君王，便有什么样的臣民。朱元璋闻言大怒，将座下之椅掷向朱标，后者落荒而逃。

这段记载虽然有夸大其词之嫌，却也可以由此一窥当时父子二人的关系。朱标对朱元璋的做法应该是反对的，而朱元璋则认为朱标的性格宽仁有余而威严不足。即便如此，朱元璋也不会将皇位传与他人，自己一手缔造的大明王朝必将由朱标来继承。为了朱家江山永固，他必须想方设法，尽一切所能将大明王朝打造得坚如磐石，之后再交给朱标。

为此，朱元璋终于下定决心走出最后一步棋，迄今他忙于安内，无暇他顾。但如内患初平，时机已经成熟，令朱元璋耿耿于怀的最后一件事便是迁都北方。

前文已有介绍，大明王朝初建时采取的三京制，分别为北京（开封）、南京（应天）、中都（凤阳）。由于南京远离北境，经长期

---

[1] 徐祯卿《剪胜野闻》。

229

讨论，决定用三京制来弥补南京在地理位置上的缺陷。但是，北京有名无实，而始于一时冲动的中都建造计划又半途而废，于是南京便成为明朝唯一名副其实的都城。此后，朱元璋把目光转向安内，对内陆续开始改革，迁都问题便就此搁置。

但是，他并未放弃迁都北方。为了形成真正的大一统王朝，必须与江南的腐败划清界限，建立由北治南的格局。为此，他打压江南地主，强化皇权，频频掀起冤案。朱元璋自认为万事俱备，并且他深知留给自己的时间已所剩无几，因此在有生之年，他希望能够完成迁都大事。

洪武二十四年（1391年）八月，朱元璋令皇太子巡视陕西。多年以来，朱元璋深思熟虑的都城候选之地便是此地。西安踞山傍河、易守难攻，是震慑北方的绝佳之地。最令人满意的是，西安还是汉唐两代的都城，对于以再现"汉唐威仪"为目标的朱元璋来说，西安可谓是迁都的不二之选。迁都西安不仅可以将政治中心北移，从正统大义上来说也挑不出任何毛病。

太子朱标领命后便率领文武百官赶赴西安，于九月到达西安。一行人调查了当地的风俗和地理，搜集耆老的意见并绘制地图以供日后参考。十一月，皇太子朱标返京献关中地图。以此为契机，迁都大计终于进入实质性阶段，万事俱备，只欠朱元璋的拍板定案。

但事与愿违，朱标突然一病不起，惊闻噩耗的朱元璋心如刀割，他动员良医全力医治，同时频繁看望病榻之上的太子。此时，忠厚的朱标即使卧病在床仍不忘向朱元璋报告筹建都城的事宜，为自己不能尽职尽责而不断请罪。此时的朱元璋早已将迁都抛之脑后，只希望太子能尽快痊愈。

但世事岂能尽如人意？洪武二十五年（1392年）四月，年仅三十八岁的朱标因病故去，朱元璋恸哭不已。十年前痛失爱妻，如今又白发人送黑发人，对于花甲之年的朱元璋而言，最痛苦之事莫过于此。朱元璋毫不掩饰地痛哭流涕。上一次情绪如此失控还是因为马皇后身故。

两日后，面色憔悴的朱元璋在东角门对群臣这般说道："朕老矣，太子不幸，命也！"[1]

说罢，忆起太子往事又悲从中来，放声大哭。在丧期满后朱元璋仍然穿着丧服，后来在礼臣再三请求下，才脱下丧服处理政务。但此后，朱元璋却仿佛变了一个人，再也不复往日的健硕。

不久之后，迁都大计也戛然而止。据清人顾炎武所著《天下郡国利病书》所载，朱元璋曾作文："本欲迁都，今朕年老，精力已倦，又天下初定，不欲劳民。且兴废有数，只得听天。"[2]痛失继承者后，朱元璋已然没有心力再操持需要大兴土木的迁都工程。此后，朱元璋在位期间再也不曾谈及迁都问题。

[1] 谈迁《国榷》卷九。
[2] 顾炎武所作《天下郡国利病书》。

唯愿大明，万代千秋

太子朱标病故后，其子朱允炆被选为新的继承者，朱允炆秉承了其父文弱的气质，性格也同样温厚。其父卧病在床时每日陪伴左右，在父亲身故时更是悲痛欲绝、不能自已，以致于鸠形鹄面。此时朱元璋也注意到这个善良的孙子，他以手抚头温言劝慰道："而诚纯孝，顾不念我乎。"[1]

其实朱标病故后，朱元璋曾考虑立北平的燕王为太子，当时的燕王三十有三，正是年富力强。多年来，他戍边扫房令北元残党望风而遁，若是令燕王继承皇位，想必是没有后顾之忧的。但是，出于对已逝太子的缅怀，同时碍于近臣的忠告，朱元璋最终还是把朱允炆立为继承人。太子病故五个月后，朱允炆被立为皇太孙。然而，当时的朱元璋却万万没有想到，正是他的决定为日后的叔侄相残埋下了祸根。

朱允炆成为继承者后，朱元璋的担忧对象从皇太子变为皇太孙。他担心以朱允炆过于仁厚的性格能否周旋于钩心斗角、尔虞我诈的世界。而且，此时的皇太孙年纪尚幼，几乎从未接触政务，为使其尽快熟悉为政之道，朱元璋像对待曾经的朱标一样让朱允炆开始处

---

[1] 《明史·恭闵帝本纪》。

理政务积累经验。

即便如此，朱元璋仍不放心。作为守成之君，朱允炆的能力绰绰有余，但是为了让他能够随心所欲地施政，朱元璋还需要再做一些准备工作，力图将一个无懈可击的政权交到他的手中。因此，洪武二十六年，朱元璋借蓝玉案对功臣和官员展开最后的打压。哪怕是宁枉勿纵，也必须将阻碍大明发展的危险因素扼杀于摇篮之中，朱元璋对于皇太孙及大明王朝的未来充满担忧。

话说回来，朱元璋的晚年却着实有些寂寞：继爱妻马皇后和长子朱标，洪武二十八年（1395年）三月和三十一年（1398年）三月，二子秦王和三子晋王也相继离世。一同打江山的老伙计死得七零八落，如今幸存的人皆是些察言观色曲意逢迎之辈，往昔的刚毅之士早已成为一抔黄土。一个个的身影在他眼前浮现：徐达、常遇春、李善长、邓愈、李文忠、刘基、宋濂……与他们并肩作战，开疆拓土的一幕幕，如今想来简直恍如隔世。即便想要找他们叙旧，奈何早已物是人非，而他们的离世，大部分皆是由朱元璋一手造成。虽然对王朝的前途忧心忡忡，但事到如今，朱元璋却不由自主地涌起一股孑然一身的孤独感。

晋王去世一个月后，洪武三十一年四月的某日，朱元璋祭祀太庙，出庙门后却徘徊不前，指着道旁的桐梓，对左右侍臣说道："往年昔此，不觉成林，凤阳陵树当亦似此。"[1]

话音方落，潸然泪下，他的思绪不知不觉回到过去，回忆着自己波澜壮阔的一生。

---

[1] 《国榷》卷十。

又过了一个月，五月八日，朱元璋一病不起。他的身体鲜有抱恙，如今即使抱病他也依旧在病床上批阅奏章、下达指示。而皇太孙朱允炆一直陪伴左右，照料着祖父的起居。夜半时分，连侍从都已入睡，只要朱元璋一声呼喊，朱允炆必然立即回应。生在帝王之家，如此纯孝确实少见，一如曾经照顾其父一般，此刻他依旧立在床头悉心照料。

凭借着顽强的意志，朱元璋在病榻上坚持了一月之久。他的身体器官迅速衰竭，但对于生的执念却给人一种错觉，老态龙钟的帝王仿佛还会重新坐上龙椅，但是朱元璋终究也难逃宿命。这一刻终于还是来了，闰五月八日，朱元璋病笃，即将昏迷之际，他以弱不可闻的声音在朱允炆的耳边嘱咐道："燕王不可不虑。"[1]

两日后，朱元璋崩于西宫，享年七十一。

他的遗诏如下：

> 朕膺天命三十有一年，忧危积心，日勤不怠，务有益于民。奈起自寒微，无古人之博知，好善恶恶，不及远矣。今得万物自然之理，其奚哀念之有。皇太孙允炆仁明孝友，天下归心，宜登大位。内外文武臣僚同心辅政，以安吾民。丧祭仪物，毋用金玉。孝陵山川因其故，毋改作。天下臣民，哭临三日，皆释服，毋妨嫁娶。诸王临国中，毋至京师。诸不在令中者，推此令从事。"[2]

六日后，闰五月十六日，按照周礼，朱元璋被庄严下葬，他的遗体被安放于南京郊外钟山山腹的孝陵中，庙号太祖。先前，朱元璋

---

[1] 《国榷》卷十。

[2] 《明史·太祖本纪》。

一生挚爱的马皇后已入葬孝陵，如今夫妻二人同穴而眠。此外，另有十余名女官殉葬，负责照料帝王死后的生活。她们的父兄得到优恤，代代都在锦衣卫中任职，这批人史称"朝天女户"。

同日，葬礼结束后，根据遗诏皇太孙朱允炆即位，成为明朝第二位皇帝，亦即悲剧的建文帝。此后不到一年，燕王便举兵谋反，叔侄相残的夺取皇位拉开序幕，这场席卷明朝的风暴竟来得如此之早。史称"靖难之变"的内乱持续了三年，最后燕王获胜，是为明朝第三位皇帝永乐帝。朱元璋呕心沥血缔造起坚如磐石的大明王朝，他本将帝国交与其孙朱允炆，但到头来却被身为辅佐之臣的四子朱棣篡夺。

永乐帝即位后一直延续朱元璋时期的方针，将大明王朝的根基打造得更为坚固，从而缔造了明朝两百余年的国祚。从这一点看来，永乐帝已经继承并发展了朱元璋的遗志。后来，他将都城迁往北平，只剩下埋葬朱元璋的明孝陵形单影只地坐落在南京郊外。

在长达七十一年的人生中，朱元璋一直惦念着王朝盛衰。可是谁能想到，他的死亡却牵出了如此残酷的现实。这段极富讽刺意味历史着实令人唏嘘。

终章

朱元璋所求之物，究竟为何？我已将自己的回答写在书中。诚然，他将子孙繁荣和朱氏江山永固作为重中之重。太子朱标死去后，他的所作所为却令人脊背发凉。此时，他的眼中再无其他，只希望朱允炆坐稳皇位，为此他殚精竭虑为其铺平道路。这只是一介老翁全心全意为孙子着想的舐犊之情，正是这种极为自私却纯粹真挚的情感驱使着他。

但是，他的所作所为仅仅是为了皇室的安泰吗？恐怕不止于此。就如同他常说的那般，"民"在他的心中一直占据了一席之地。朱元璋起于田亩，因此对民众的苦难感同身受。同时，通过亲身经历他十分清楚，官僚和地主给民众造成的苦难。终其一生，他都在努力肃清违法的官僚和地主，他早年的经历很大程度上影响了他后来的行为。

但是，朱元璋一手缔造的大明王朝却绝非天下民众的大明王朝。明朝的政治主体绝非民众，他仅仅是在基于儒家思想的秩序体系中，努力令天下民众各得其所。他将那些令民众不能守其"分"的官僚和地主统统肃清，同时他也不允许民众做出逾越其"分"的出格之事。换言之，民众不过是被皇帝圈养的对象，他们必须忠于自己的社会角色，履行自己应尽的本分。

然而，在当时除此之外，似乎难以从其他的视角出发来保障民生。人们的思想被禁锢在儒家思想的体系之中，为了各得其所，必须形成一套固定的秩序。唯有民众、地主、官僚都能各守其分，天下的秩序才得以维持。为此，不管是教化还是刑罚，只要有助于秩序的固定化，便可以不择手段。进一步说，因为这也有助于保障民生，以"养民"为借口，所有的手段都将名正言顺。至少在朱元璋的潜意识里，他就是一名虔诚的儒家信奉者。

这样的大明王朝自然造就了以皇帝为顶点的无懈可击的专制体制。皇帝作为一切秩序的统治者，皇权得到了前所未有的强化，在这样的世界中，想要顺遂安泰，唯有安分守己。而皇帝则充当一个筛选的机关，他将一些不守本分之人——剔除，并施以严刑来约束他们的逾越之举。朱元璋用强权重现圣王时代，清朝帝王们盛赞朱元璋的原因也是在此。即便靠的是他律，在朱元璋所营造的社会中，民众的生命和财产都能得到保障。至于这种体制将何去何从，便又是另一个话题了。

朱元璋的传记很多，较为著名的当属吴晗的《朱元璋传》、日本学者谷口规矩雄的《朱元璋》。最近来说，陈梧桐先生的《洪武大帝传》也于不久之前问世，此外相关的研究也不少。本书虽未——列举，但在成书过程中参考了众多学者前辈的研究成果。

但是，本书着重探讨贫农之子朱元璋是如何成长为一个推崇儒术的帝王，因此本书的视角或许会稍稍有别于其他传记。本书对元末明初知识分子的动向及朱元璋和江南地主的恩怨情仇着墨较多，这也可以说是本书的特征之一。若要论及本书的价值，那大概便是，本书围绕单一的论题，回顾了朱元璋波澜壮阔的一生。但是，由于论题过于狭窄，因此本书省略了朱元璋在位期间的诸多政策及明初的一些事件。希望详细了解的读者请参考上述传记。

不过，朱元璋其人实在过于复杂，以笔者之浅见委实难以窥其全貌。本书中或许夹杂着笔者的一些想当然的认知及误解。在序章中，我曾写到要尽可能地客观叙事，但成书以后，我发现一些地方的论述显得颇为主观。对此我深表歉意，欢迎广大读者朋友的批评与指正。

一九九四年初夏

檀上宽

文库版后记

　　本书原著成于一九九四年七月，作为白帝社《中国历史人物选》（全两册）中的一册出版。在此之前的中国人物传记系列图书中，二十世纪六十年代后期宫崎市定监修的两期《中国人物丛书》（全四册，人物往来社）珠玉在前，但此后同类的企划乏善可陈，因此听闻本系列多次再版重印，好评如潮。本书虽然是面向一般读者的通俗读物，但也经常被一些学术著作及论文引用，也因此博得一些好评。之后，一度绝版，最近被筑摩文艺文库收录后，得以再版问世。作为作者，我倍感欣慰。

　　再版后，我修正、删除了一些明显的错误和对史料的误读，从内容上来说与原书并无二致。本系列选取各个时代最具有代表性的人物，精选了有关他们的最新研究成果，并力图结合时代背景来重现他们的生平。但是，一些细节之处则完全交由作者个人来把控，加之由于我本人才疏学浅，如今看来拙著中有几个不妥之处。于是，借此机会，我将文中引用的史料及对话重新标明出处以供读者参考。

　　成书过程中，参考的史料众多。其中，参考较多的是记录明朝历史的一手史料《明实录》、明朝正史《明史》及谷应泰所著记载明朝著名事件始末的《明史纪事本末》。实际上，在写作本书之前，我还只是一名研究生。当时，我与现任关西学院大学名誉教授板仓笃秀先生一同完成了相关史料的注释工作。当时我们两人负责由谷川道雄和森正夫两位教授主编的《中国民众叛乱史》的第二卷（平凡社东洋文库，1979年出版）第二章"元末的民众叛乱"一节的注释工作。板仓先生负责《明史纪事本末》卷一的"太祖起兵"一节，我负责《明史》中的郭子兴、韩林儿、陈友谅、明玉珍、张士诚、方国珍等人的列传。因此在撰写本书中有关大明建国之前的部分时，曾经的注释工作给我带来了很大的帮助。

此外，本书的参考文献除终章中提到过的吴晗著《朱元璋传（修订版）》[1]、谷口规矩雄著《朱元璋》[2]、陈梧桐著《洪武大帝朱元璋传》[3]之外，还参考过很多其他的著述。如三田村泰助著《那些开疆拓土之人》[4]是以全方位的视角，结构化的叙事来重现明朝。再如，爱宕松男作《朱吴国和张吴国——关于明朝初期的特征研究》[5]、陈高华作《元末浙东地主与朱元璋》[6]等论稿，这些都使我受益匪浅。以下不再一一列举，本书的完成离不开这些先行者的研究。

但是若要论及本书的蓝本，我认为应该是《明朝专制支配史的构造》[7]所收录的论文，该书于本书成书的次年出版，是我在上述

---

[1] 三联书店，1965年版，初版成于1949年。

[2] 人物往来社，1966年版。

[3] 河南人民出版社，1993年版。

[4] 生活的世界历史系列（2），河出书房新社，1976年版，1991年收录于河出文库。

[5] 1953年发表于《文化》十七卷六号，后于1988年收录于《爱宕松男东洋史学论集》第四卷（三一书房）。

[6] 1963年发表于《新建设》第五期（1963），后于1991年收录于《元史研究论稿》（中华书局）。

[7] 汲古书院，1995年版。

先行研究的基础上编纂而成。

本书便是我从这些论文中选材定题，并围绕朱元璋其人重新编纂而成。回首过去，这是一项令我乐在其中的工作，本书同时也是我的第一本专著，因为这些原因，我对写作本书时的点点滴滴至今记忆犹新。

如最初所言，本书大约成于二十五年前，这段时间里，中国史的研究日新月异，史学界所关注的问题也几经变迁。如今，史学界最热门话题莫过于海域史的研究，而在写作本书的当时，相较于日本史，这一领域却显得有些无人问津。那时，我本人关注的也是中国国内的课题。在本书中，谈及日本等海外诸国的内容极少，且没有谈到朱元璋的海禁政策，而支配海洋的海禁政策又是其外交政策中的一大特征。

在本书出版之后，我才开始关注中国国外的课题。但是，如果说海域史研究是从海洋的角度，以相对独立的视角来审视大陆的历史。那么我则认为，有关海外诸国的研究是对中国明朝内部统治研究的一种补充。从这个意义上来说，我对问题的关注点与我写作本书之时相差无几。在我个人的研究生涯中，本书和《明朝专制支配史的构造》应该是一个转折点。至于明朝与周边诸国的关系，详见本人拙著《永乐帝：华夷秩序的完成》和《海陆交错：明朝兴亡》。

筑摩文艺文库编辑部的藤冈泰介先生告知我本书再版之时，正是今年（2020年）的三月下旬。随后，我耗时一个半月重新校正原书，并于五一长假过后提交了修正稿。这段时间，新冠疫情不断扩大，紧急事态宣言也再度延长，日本的上空仿佛阴云密布。说起来，朱元璋的双亲和兄长也是因疫病去世，本书再版重印之时也恰逢新冠肆虐，这或许也是一种奇妙的缘分吧。多亏了藤冈先生周到的帮助，我才能够一气呵成地完成本书。此外，也容我借本书再版之际，向在写作本书时对我诸般关照的白帝社编辑部伊佐顺子女士表示感谢。

话说回来，朱元璋挨过元末的饥荒和瘟疫，最终一统天下。若是他生在现代，又会如何应对这次疫情危机呢？结合他过往的所作所为来看，难免令人不寒而栗，这也足以说明朱元璋身上具有一种令人浮想联翩的力量。他一手缔造的明王朝很大程度上左右着中国社会的走向。明朝国祚虽不足三百年，但正如清朝帝王的盛赞，他的遗产早已超越了王朝的局限性，焕发着别样的生机。在这个意义上，他不仅是罕见的暴君同时也是稀世的明君。本书在序章中曾介绍了赵翼对朱元璋的评述，读到此处，对这句话拍手称妙的人想必不止我一个吧。

2020 年盛夏

檀上 宽